国外社科研究项目管理体制评述

社科创新：无价的价值

INNOVATION OF SOCIAL SCIENCES: MORE PRECIOUS THAN GOLD

Knowledge Management of Academic Research and
Higher Education Administration Programs in the U.S., EU and Korea

郦 莉◎著

时事出版社

谨以此书献给青春永驻、激情满怀、像春天一般给人温暖力量的思想者——朱立群教授。

是您引领我们这一代人走上了以学科创新和社科研究为己任的职业生涯，并以各自不同的路径为中国大学的美好未来贡献力量。

序

科学研究，对于一所大学来说，无论是从探索宇宙奥秘、发现客观规律、提升认知水平、形成知识体系、推动学科建设来说，还是就培育创新人才、引领社会进步的功能来说，都具有不可或缺、无法替代的地位。特别是社会科学的研究，涉及到在人与自然关系中，人类社会自身发展的规律，更具有特殊地位和重要作用，是大学的基本功能。由于社会科学有着不同于自然科学的特殊之处，因此对社会科学研究的管理，特别是高校的社科研究管理，就存在着种种困惑。郦莉的这部著作就是面对这些困惑，在充分吸收借鉴国内外理论探索和实践经验基础上的一次勇敢尝试。

中国对社会科学越来越重视，学者队伍不断扩大和提升，资金也逐步富裕起来，各类基金和项目，从党和国家的各级政府、各个部门到高校自身、社会组织等，可谓层出不穷。社会科学研究经费的充裕和增长，反映了中国社会的进步；但如何把这些经费用好，如何使这些支出能产生更大的社会效益，避免无效支出和浪费，却是我们面临的一个不小的难题。经费管理的核心就是支出与回报的关系，而社会科学的特性就在于很多成果很难直接转化为可计量的经济效益。郦莉正是抓住了“如何测量社科创新知识的价值”这一项目经费管理中的难点问题而展开研究的。

这部著作不但可以使我们了解和借鉴国外社科研究经费的做法，而且，作者还给出自己的深入思考和独到见解，具有重要的理论和应用价值。其主要贡献如下：

一、对如何测量无形的社科创新知识这一核心问题进行了可贵探索

致力于发现人类行为规律的社科研究项目，较之关注自然规律的自然科学和理工类研究项目，有更大的不确定性。理工科研究人员，可以通过实验进行变量控制，人文社科学者则只能通过历史追溯、逻辑推理、建模实证、案例研究、田野调查、问卷访谈等方式，对客观规律进行发掘和呈现，由此形成的风险规避成本和各种不可预见的复杂情形，必然带来相应的成本浮动与变化。作者认为，对于社科研究行为和成果价值进行测量的工作来自于两方面的需求：一是社科成果的不可见性带来了思想领域跟踪评估的困难；二是社科研究风险的不确定性必然带来预算实际花费过程中的需求调整。从这个意义上讲，社科研究的思想产品所包含的价值，不应比自然科学研发的物质资料价值低，甚至很多时候其对于社会政治经济发展的影响力，要比自然科学研究成果更加深远。然而，以可量化的货币价值对社会科学进行测量，会面临评价标准体系难以达成共识的问题，很多时候会出现激励不足的困境。

作者指出，西方国家社科研究之所以发达，原因就在于其知识创新的“生命演化”理念和经费管理中对社科“无形价值”的尊崇和激励。项目管理的核心是收益率，然而目前对于社会科学研究项目的产出评价，大部分没有硬标准，缺乏对社科无形资产以及通过不同的项目管理模式所带来的增值价值的评估体系。参考欧、美、韩等国外社科研究及教育管理项目中所体现的创新价值评测方法，有助于对我国社科研究项目招标方和申报方以更为明晰的评价标准，对如何在项目申报与实践需求之间、在申请人的研究旨趣与公共知识需求之间达成均衡的问题给出答案。研究发现，在项目框架下对隐性和显性知识之间的转化过程进行跟踪，结合个体创新能动性与公共治理需求，将有限的经费转化为可持续的公共事业推进动力，是社科研究项目管理的成功秘诀所在。

基于以上思考，作者尝试提出这样一个假设：在社科研究项目管理过程中，收益率的分母是以货币形式出现的经费投入，而分子则为

无形的社科知识产出，对社科创新成果的价值进行测量、赋值的方式会影响对收益率高低的认知。目前，对于项目结项之后的成果转化和社会效益，管理部门和研究人员缺乏追踪评估的体系。通过探究“为何在相同条件下，某些项目的产出较其他项目的产出高”这一问题的答案，有助于总结项目成果转化经验，为“全生命”循环的知识管理创新体系建章立制。

二、尝试建立以公共治理的视角考察社科知识创新的理论框架

作者指出，知识“公地”不排他，人们越分享知识，对这一“公地”产品的拥有量就会越大。当两个以上的人为获得单靠个体无法实现的成果而合作时，致力于“公地”治理的自主自愿式集体行动就会出现。设计怎样的制度原则能够促成知识“公地”的兴旺和长久，是一个公共治理问题。

作者认为，知识“公地”问题会涉及知识产权、图书馆、开源软件、协同科学、信息技术、管理模式、传播渠道等跨学科内容，并涉及使用者、设计者、贡献者和传播者四类角色。只有在四类角色的协同组织下，符合一定规范标准的社科创新知识才能登上学术殿堂，从而汇集成知识谱系上某一支脉的共享成果。于是，人们开始以知识产权或专利保护的方式对知识公共物品（以下简称“公益”）进行私有化，使知识公益的纯粹性变得不纯粹，具备了一定的竞争性和排他性，知识“公地”的属性在纯公益和公共池塘资源之间转换，具备了公私混合属性。由于知识公益的传统治理结构发生了变化，利益相关方（如图书馆、学术社团、科研人员等）希望在新技术带来的治理变革中重新确立各自的利益，引发了很多的现实问题和困境，亟需通过知识管理、监督和保护，确保其可持续发展，并得到必要的保存。在这一研究领域有三种经典的集体行动模型：囚徒困境、集体无为和公地悲剧。三种模型的共性在于，行为体都被困在一系列私利的诱惑当中，缺乏增信释疑、建立互信规范、创新权责规约的机会，从而出现了三种治理困境。

知识公益与公共池塘资源这样的自然资源的不同之处在于：在开源共享的情况下，作者仍拥有知识产权。也就是说，尽管知识产权使知识的公共纯粹性发生了变化，但它仍是一种全球公益，在知识产权的保护下，其越为人所知，影响力就会越大。知识公益的大规模同侪生产（peer production，或称“对等生产”）使生产者并不担心因“搭便车”而免费提供的成本投入，而是以协同创新的方式进行知识生产，较之单打独斗式“作坊”生产，其创新生产力和影响力可高出几百到上千倍。社科研究项目经费的资助宗旨是高质量的研究成果，而高质量的首要判断标准是能否触及内心、启迪心灵。项目经费看起来是对创新过程中所需花销的物质资本进行的补偿，但实际上是对含有闪光理念与永恒价值的“非物”元素进行的激励。作为一种对社会公共治理进程具有推动作用的公益“正外部性”（positive externalities）补偿机制，项目经费的补偿是对这种公益得以可持续提供所给予的制度激励。对于具备公私混合属性的知识公益，就需要以兼具公私考量的制度设计思路对其进行治理。

三、对知识公益的“产消者”公私合作机制进行借鉴

社科研究产出的价值确定，是一个供求均衡达成的过程，“供给”来自研究者的知识创新，“需求”则源于现实存在的社科难题。美国未来学家托夫勒曾经指出：全世界财富的一半，是由既提供自身所需私有产品，又提供公益的产消者（prosumers）生产的，“产消者”是世界上所有公益提供的最初来源，也是各类公益提供的最初动力。产消者其实就是各行各业默默奉献和主动开拓的创业者，也被称为“政策创业者”、“知识创业者”或“规范创业者”。产消者最初往往是私有行为体，而公共事业的主要承载部门则是公共行为体，产消者的公益贡献在社会中被认可的程度，决定了社会的发达程度。公私部门主动协同合作，争当产消者，会促使社会进步的速度和质量得到有效提升。

受这一原理启发，作者指出，从国外的自主创新能力提升经验来看，更注重让知识服务于实践、由官产学研媒共同参与项目、各方事先确认利

益范围与责任边界、设定风险分担和利益分配机制，并辅以风险投资机制的“创新集群”。跨行业、跨学科交叉协同创新能够缩短知行合一的时间，是一种主动发挥利益相关方能动性、寻找供求均衡的制度设计。因此，中国自主创新能力的提升，有赖于主动塑造一线实践者、政策制定者和理论创新者之间实时、长效的协同创新机制。

基于以上关于协同提升创新力的时代背景，作者认为，以资助个人及研究团队为表现形式的社科研究项目，就成为在知识创新公共需求与研究成果私有供给之间寻找均衡点的公私合作机制（public-private partnerships, PPP），能够将原本只是研究者单向的项目申报过程，变成一个由项目招标方需求、项目申报者供给、项目管理者监督、成果向实践转化等多元利益相关方构成的多维协同和动态互动的双向过程，成为研究者、管理者与实践者共同推动的“双环式”创新平台。

本书以公私合作的视角思考社科研究项目，借鉴美、欧、韩社科研究项目管理的先进经验，助力中国的社科研究项目管理实践。在协同创新的知识管理理念推动下，合作与分享会逐渐成为创新者信任与认同的事业存在方式，对等生产和产消者的公益认知将逐步深入人心。

在本书即将出版之际，2017 年新一轮的国家社科基金和教育部哲学社科项目的申报通知中，关于项目经费使用的办法，已经遵照 2016 年最新发布的《国家社会科学基金项目资金管理办法》和《高等学校哲学社会科学繁荣计划专项资金管理办法》执行，其中，关于间接经费 30% 的规定，与本书在开篇针对北京高校社科项目经费管理体制提出的对策基本吻合。这不禁令人慨叹和欣喜。未来，随着中国日益强大，高等教育和社会科学的机制体制将日臻完善，以知识武装头脑的创新型国家会让所有的潜在创新者和创业者相信：在社科创新的道路上辛勤耕耘，一定会有超预期的大规模回报；在社科创新的种子播撒到知识梦田的一刹那，知识管理者已经为创新生命之树的成长准备好了一切。

我相信，本书对高校科研管理部门和社科基金与规划项目的管理机构都有着重要的参考价值，有助于增强科研管理的自觉性、提升大学治理水平，值得一读。希望郦莉和其他社科研究管理者继续深入探讨，以学理论证揭示社科创新的内在规律。

是为序。

文　魁

2017 年 3 月 12 日

目录

Contents

图表目录

总　论

> 金钱可以是许多东西的外壳，却不是里面的果实。
>
> ——易卜生（Henrik Johan Ibsen）

2006 年 8 月，外交学院欧洲研究中心以“影响力日益提升的欧盟行为体协同研究”（Collaborative Research Project on the EU as an Increasing Global Actor）为题，与法国国际关系研究院（IFRI）共同成功获得欧盟委员会欧洲研究中心项目（China-EU European Studies Centre Programme，ESCP）立项，这是外交学院历史上单笔金额最高的国际合作研究项目。ESCP 项目是欧盟第六框架（Framework Programme 6，简称“FP6”）计划在中国推出的人文社科研究资助项目。2004 年 3 月 15 日，欧盟委员会主席普罗迪（Romano Prodi）在访华行程中，与中国政府正式签署了该项目协议文件，旨在加强欧洲与中国高等教育和研究机构之间的联系与交流，增进中国对欧盟及欧洲事务的认识和理解。

2007 年 9 月，欧洲研究中心顺利通过了 ESCP 管理办公室（Programme Management Office，PMO）的学术审查和财务审计，总体评价为“满意”（Satisfying）。此次审查听取了主任报告，对中心学者、研究人员和师生进行了提问，对欧洲研究中心的项目成果、学术活动、与欧方协作度、研究方法与成效、可持续发展等方面进行了全面了解。在 15 个月的项目执行期内，课题组三个子课题研究团队成员和项目学术、财务管理人员密切合作，成功组织了国际国内访问学习 16 人次、北京和巴黎国际会议 2 场，并积极参与 PMO 组织的项目管理经验交流圆桌会议和以“欧盟研究跨学科创新能力建设”为主题的暑期培训班，完善了欧洲研究的课程编制，将项目成果、交流活动、研究资源等信息在网站公布，圆满完成了项目合同要求，增强了欧洲研究中心的知名度，提高了中心的管理能力，参与并扩展了国内欧洲研究学术网络。在欧盟 FP6 的倡导下，各高校和研究机构的欧洲研究中心要与欧洲相应的高校或研究机构达成学术联盟，以跨学科、跨国界“交叉协同”的方式，生成高质量的创新理念，在有效开展项目知识管理（KM）方面树立了典范。

一、研究问题的提出

在参与项目研究的过程中，团队成员深刻感受到欧中社科研究项目管理实践之间的巨大差距，开始主动学习国外项目管理的方法和经验。

项目管理技术最初是在民用工程、建筑和国防工业领域使用的。基于项目和项目群的管理为企业和社会带来的竞争力，逐渐得到各行各业的认同、重视和广泛应用。作为一种对社会公共治理进程具有推动作用的公共产品或服务（public goods，以下简称“公益”）及“正外部性”补偿机制，其受益者往往是在过去没有经费资助的情况下，以职业晋升目标为动力从事脑力劳动、产出创新知识的研究人员，而项目资助则是对这种公益可以在更大范围内得以可持续提供的制度激励。

聚焦如何为社科创新知识这一无形资产进行赋值，实际上是由如何提高项目收益率引出的制度设计问题。对无形的思想成果进行定价，现实生活中并不是没有先例。作为一项代表世界最高学术荣誉的诺贝尔奖，便是以瑞典化学家诺贝尔的遗产设立的奖项。诺贝尔在临终前将遗产中的920 万美元作为基金，将每年约 20 万美元的利息作为奖金，奖励为人类幸福和进步做出卓越贡献的科学家和学者。瑞典政府于 1900 年成立诺贝尔基金会，并于1968年获瑞典国家银行捐资增设经济学奖，由基金会董事会和委员会负责管理与运行。诺奖的分类及数目、得奖人的推荐与评选、颁奖盛典的组织与报道，使其成为一个具有市场和商业价值的国际品牌。其带给获奖者的不仅是奖金，更是无上的学术荣耀与无穷的成果转化潜力。

知识创新是有周期的，是创新者赋予了创新知识宝贵的生命，但这一生命是否可以延续和兴旺，则是对知识土壤经营者的考验。伊索寓言中有一则题为《下金蛋的鹅》的故事，说的是一个农夫在集市上买到一只大肥鹅，带回家后发现它能每天下金蛋，夫妇二人靠卖金蛋致富后，妻子一日突发奇想，认为不必一辈子等鹅下蛋，不如把鹅肚子切开，一劳永逸地将金蛋全部取到。然而，当夫妇俩这样做了之后，却发现鹅腹中什么都没有。[①] 社科知识创新这种由脑力劳动带来的无形价值，正像是故事中的“金蛋”，它的价值在于知识增长点是有生命的，而这一生命的有无和能否繁盛，取决于知识管理中的众多“软”要素。创新者获得项目资助的第一桶金之后，若能精心耕耘知识谱系中的思维节点，建构与知识增长点相关的学者网络，不断产出研究成果，并顺畅地向实践转化，那么金蛋就会孵化出小小生命。而生命的存在就意味着金蛋数量的增长，从无到有，从小到大，从少到多，创新的生命之树就会枝繁叶茂，研究之路越走越宽。相反，如果仅仅是将项目经费看成目标，缺少可持续推动知识增长的团队、成果和转化，那么创新的源泉就会干涸，绿洲也会变为荒漠。

那么，如何运用这一创新知识孵化的“金蛋”原理，推动社科创新的生命之树常青呢？在过去几个世纪中，西方发达国家在社科创新领域已经取得了长足发展，很多成功经验值得借鉴。

---

① ［古希腊］伊索著，刘晓晖改编：《下金蛋的鹅》，广州新华出版发行集团、广州出版社2011年版。

二、国外案例的呈现

欧盟以社科领域的对外援助方式，在全球范围内开展项目管理。从目标指标体系，到预算管理流程，到行动计划跟踪，到同行评议交流，以专业项目管理方法开展项目研究与交流行动的理念逐渐在全球社科研究领域传播开来。欧盟FP6中的欧洲研究中心项目（ESCP）通过圆桌会议、暑期培训、日常交流的方式，向受益方推广欧盟先进的项目管理工具（如逻辑框架法、行动预算法、标杆比较法和循环管理法）；欧盟FP7进一步将担保基金制度、风险融资工具（RSFF）纳入项目经费管理过程中来，通过合理有效的财务与审计管理程序，保证受益人更为高效地产出研究成果。

与欧盟框架项目相比，美国的国际合作项目则更加注重教育与人文交流所能带来的感化力和互动性，旨在通过对人才的承认、尊重与激励。由美国国务院教育与文化处负责管理的富布赖特项目和学友创新项目就在提升美国国家形象和公共外交质量方面做出了重要贡献。与此同时，美国通过对像美国国家科学基金会（National Science Foundation）这样的科研项目管理部门采取以新公共管理（NPM）“组织卓越战略”为特征的机构体制革新，使美国的科研创新与公共管理领域共同提升了创新力。NSF将项目管理专业团队的建设与自身的组织管理机制体制改革有机结合，成为世界范围内的卓越项目管理组织。

与欧美相比，韩国的高校教育类项目管理既有相同之处，也有自身特点。相同的是对创新人才的个体激励，不同的是其东方式的公私合一，通过与私营机构的深度融合，对信息化技术的广泛利用，带来教育理念与实践的巨大变革。

本书将分五个章节对以上内容进行介绍。第一章从北京高校社科研究机构的问卷调查入手，提出研究问题、理论框架和研究假设。第二、三、四章分别对美国、欧盟和韩国的高校与社科研究机构的项目管理特点进行评析。第五章提出社科项目经费的“全过程”管理模式，为高校如何更为有效和富于创新性地开展社科研究项目管理，提出可行性建议。

第一章　研究背景与总体思路

> 任何一个国家要想有相对好的治理，都必须有发达的社会科学。中国的领导人必须下决心加强对好的社会科学研究项目的支持。没有好的社会科学支撑的“中国梦”只会是一个梦，而不可能成为现实。
>
> ——唐世平

中国在社科项目领域蕴藏着巨大的创新潜力。作为《国家中长期科技人才发展规划（2010—2020年）》的核心内容，自主创新要求从增强国家创新能力出发，加强原始创新、集成创新和引进消化吸收再创新的能力。[①] 原始创新模式具有原创性和突破性的基本特征，其成果的获得是厚积而薄发的凝练，其实现充满不确定性，其社会价值也较难得到量化。[②] 集成创新模式是将跨学科创新要素进行优势互补式交叉融合的创新路径，知识、技能、资源在空间和组织上的单打独斗局面对创新的阻碍，是该创新模式得以产生的直接源泉。引进消化吸收再创新是在引进国外先进技术基础上的二次创新，与单纯通过引进国外先进技术替代自主研发以节省成本的做法不同，技术创新能力的提升需要纳入专业培训、标准确立、项目平台、

① 科技部：《关于印发国家中长期科技人才发展规划（2010—2020年）的通知》，2011年7月26日，http：//www.most.gov.cn/tztg/201108/t20110816_ 89061.htm，2015年1月20日登录；王晓红：《增强国家创新能力——引进消化吸收再创新的出发点》，《人民日报》2006年4月3日，第9版。

② Rachael Amit，Paul G. H. Schoemaker，“Strategic Assets and Organizational Rent”，*Strategic Management Journal*，Vol. 14，1993，p. 33.

合同设计等组织学习方法，以因势利导地发挥发展中国家的后发优势。[①]

有关研究表明，只有消化吸收再创新能力对中国广义技术进步有正向作用，原因在于：一是前两种创新能力未能达到创新临界值；二是前两种创新能力的提高将挤出消化吸收再创新能力，从而抑制中国的技术进步。[②]如果在中国的自主创新过程中，消化吸收再创新能力的确是前两种创新能力的基础的话，那么哪些领域的消化吸收再创新能力是急需的呢？经济学家林毅夫在“新结构经济学”理论框架中指出，发展中国家充分利用后发优势，通过科学甄别具有发展潜力的行业和领域，学习发达国家的先进经验，并根据自身特色举一反三，在创新思路的引领下变落后差距为动力，可在短时间内后来居上。[③] 如何甄别“约束条件”所在领域和“增长潜力”所在行业，已经不仅仅是一个学术研究问题，而是一项主动塑造并不断优化可持续增长的经济结构的宏伟事业。

第一节　研究背景

从国外的自主创新能力提升经验来看，为了实现原始创新、集成创新和引进消化吸收再创新的目标，非常注重让知识服务于实践、由官产学研媒共同参与项目、各方事先确认利益范围与责任边界、设定风险分担和利益分配机制，并辅以风险投资机制的“创新集群”（Innovation Cluster）。[④]

---

① 陈劲：《从技术引进到自主创新的学习模式》，《科研管理》1994 年第 15 卷第 2 期，第 31—34 页；郭振军、汪建成：《基于技术引进、消化吸收的自主创新路径研究——广日电梯自主集成创新能力的形成与演进》，《武汉大学学报（哲学社会科学版）》2006 年第 59 卷第 3 期，第 383—387 页。

② 李平、随洪光：《三种自主创新能力与技术进步：基于 DEA 方法的经验分析》，《世界经济》2008 年第 2 期，第 74—83 页。

③ 林毅夫著，苏剑译：《新结构经济学：反思经济发展与政策的理论框架》，北京大学出版社 2012 年版，第 324—329 页。

④ 张力：《产学研协同创新的战略意义和政策走向》，《教育研究》2011 年第 7 期，第 18—19 页。

与原有三种自主创新方式有所不同的是，跨行业、跨学科协同创新（collaborative innovation）能够缩短知行合一的时间，是一种主动发挥利益相关方能动性、寻找供求均衡的制度设计。

因此，中国自主创新能力的提升，有赖于以下几个突破：首先，以项目框架下的协同攻关为实践提供理论补充；其次，官产学研媒多元利益相关方资源共享、优势互补；第三，协同各方通过投融资机制，共担风险、共享收益；第四，赋予各方独立解决难题的权限，并进行相应激励；第五，培育基于信息技术平台的协同管理生态系统。

在这一思路的指引下，笔者以《社科创新：无价的价值》为题，尝试吸收国外社科研究以及教育与文化交流项目已有的管理经验，为中国社科创新尽微薄之力。

第二节　核心问题

2011 年 3 月，在北京市哲学社会科学规划办公室重点项目《北京高校社科项目经费管理体制调查》［项目编号：（10AbJY67）］的资助和协调下，笔者有幸对设有北京市哲学社科研究基地的高校项目管理专家和学者进行了问卷调查，并参与了会议研讨。[①] 在一般调查问卷中，共对受访者征集了 4 类 10 个问题，涉及项目经费开支范围的合理性、拨款比例、时间及预算调整能否满足需求、高校对社科立项的奖励经费所占比例、财务明细与项目预算条目对应程度以及改进措施与建议等内容。4 月，课题组举办了“首都高校科研经费管理体制与科研创新”研讨会暨项目专家咨询会，与北京市哲学社科规划办、北京市教委以及 10 所高校中的部分科研处管理人员进行了座谈，完成了典型性深度访谈任务。与会代表提出了以下

① 10 所高校分别为：中国人民大学、中央财经大学、对外经济贸易大学、北京交通大学、北京工商大学、首都师范大学、首都体育学院、北京物资学院、北京电影学院和外交学院。

问题和对策：

第一，社科研究项目管理是一种知识管理活动，其核心是研究人员的脑力劳动，宗旨是更好地激励研究人员贡献创新知识，而目前的经费管理办法中并没有考虑到课题组成员脑力劳动应当获得的补偿。

第二，预算调整难给研究带来了很大困难，因为科研项目预算存在不确定性，很多影响因素在研究前无从知晓，因此预算调整不可避免。

第三，经费分期拨付规定：若分三次支付，则第一期拨付 30%，第二期拨付 60%，第三期拨付 10%。相应地，评估工作也要开展三次。如果项目通过初次评估，建议将 30% 的预付款作为项目负责人薪酬或管理费。

第四，作为间接费用的管理费与项目的难易程度、参加人数相关，可以有两种方案：一种是采用指标化管理方式，相关各方签订信用合同，按照工作量进行有偿管理，在承认项目管理人员工作重要性的前提下，赋予其权力和义务，提高管理效率；另一种是根据项目经费总额，按 5%—10% 的比例（而不是上限控制在 2000—5000 元之间）设定管理费，以体现不同规模项目的管理力度差异。

第五，劳务费不超过经费总额的 5%—10%，每月不超过 300 元，使得学生参与课题研究缺乏动力，难以实现推进人才培养机制的初衷；专家咨询费、会议费、数据举集费不超过经费总额的一定比例，是主观设定的预算框架，不一定符合研究需要。文科是注重思想的碰撞与交流的，举办会议有利于同行评议和学术研究的可持续发展有些项目可能大部分经费都要用做田野调查，有些影视相关学科致力于视频或音频文件制作，设定图书资料费的比例上限后，可能数额不足以购买研究所需要的古籍或音像类资料。建议对以上支出建立特案审批制度。

第六，出版资助设定 3 万元的限额，与当前通货膨胀、物价上涨及出版资助价格提高之现状不吻合。

第七，高校社科研究项目经费拨款一般分两年进行，经费不能及时到位，而项目验收工作必须在所有经费支出之后开展，这导致了项目无法按时验收，拖延了项目验收时间。

第八，差旅费或调研费有里程或交通工具选择的硬性规定，使研究人员的出行选择受到制约。另外，由于燃油费增加，差旅费标准应提高。

第九，各类项目预算科目差异很大，会使申报和管理效率降低，建议参考《国家哲学社科基金项目经费管理办法》加以整合。

社科研究项目的资助金额是对创新知识能解决社会现实问题所带来的正外部性的补偿，会存在项目经费额度小于、等于或大于正外部性估价三种情况。对于正外部性的估价，也会存在主观性、滞后性和变动性等局限。因而，为何有些社科研究项目可确定的正外部性远高于其他，就成为本书尝试探讨的问题。也就是说，本书研究关注社科研究项目所创造的成果有用性与项目管理微观机制之间的关系。

第三节　知识作为公益的研究思路

在 1995 年之前，一些具有前瞻思想的学者、艺术家和社会活动家开始关注在因特网上可以共享的信息产品的公地（commons）特征。由于大量用户的准入和使用，信息的共享会引发信息拥堵、搭便车（free riding）、权限冲突、过度使用乃至资源“污染”等类似于“公地悲剧”的问题，网络信息由此具备了介于私有物品和纯粹公益之间的“公地”属性。① “公地”一词开始盛行，并且主要指向受全球信息传播影响而出现的数字化、

① 将网络信息资源作为“公地”进行研究的学者和代表作包括：Howard Rheingold，*The Virtual Community*：*Homesteading on the Electric Frontier*，New York：Addison-Weslay，1993. David Brin，“The Internet as a Commons”，*Information Technology and Libraries*，Vol. 14，No. 4，1995，pp. 240 - 242. Charlotte Hess，“The Virtual CPR：The Internet as a Local and Global Common Pool Resource”，presented at“Reinventing the Commons”，the Fifth Annual Conference of the International Association for the Study of Common Property，Bodø，Norway，May 24 - 28，1995. Peter Kollock，Marc Smith，“Managing the Virtual Commons：Cooperation and Conflict in Computer Communities”，in S. Herring，ed.，*Computer-Mediated Communication*：*Linguistic*，*Social*，*and Cross-Cultural Perspectives*，Amsterdam：John Benjamins，1996。

电子化、信息化、虚拟化等多媒体信息传播内容。①

一、知识的治理原则

“公地”的概念最初源于对共享自然资源的跨学科研究，包括水资源、林业资源、渔业资源和野生动物等公共池塘资源（common pool resources，CPR）。“公地”的规模可大可小，可以是一个家用冰箱、社区操场、图书馆，也可以是国际或全球规模的大气层、学科知识。它可能界限明显，如社区公园；可能是跨国界线的，如多瑙河、迁徙的野生动物；也可能是没有清晰界限的，如臭氧层。“公地”具有较高的排他性，即一方的资源使用量会减少另一方的资源拥有量。然而，知识“公地”则是不排他的，人们越分享知识，对这一“公地”产品的拥有量就会越大。② 当两个以上的人为获得单靠个体无法实现的成果而合作的时候，致力于“公地”治理的自主集体行动就会出现。③ 而这种具有社会网络特征的“互助式”社会力量被称为“社会资本”。④“公地”研究与集体行动、自主治理和社会资本是息息相关的，且不可避免地要与分配公平、高效利用和可持续性结合起来。设计怎样的制度原则能够促成知识“公地”的兴旺和长久，是一个公

① 以“公地”框架研究网络信息发展的学者和代表作包括：R. Anthony Reese，“Reflections on the Intellectual Commons：Two Perspectives on Copyright Duration and Reversion”，*Stanford Law Review*，Vol. 47，No. 4，1995，pp. 707－747. Keith Aoki，“Neocolonialism，Anticommons Property，and Biopiracy in the（Not-So-Brave）New World Order of International Intellectual Property Protection”，*Indiana Journal of Global Legal Studies*，Vol. 6，No. 1，1998，pp. 11－38. Julie Cohen，“Lochner in Cyberspace：The New Economic Orthodoxy of ‘Rights Management’”，*Michigan Law Review*，Vol. 97，No. 2，1998，pp. 462－563. Yochai Benkler，“Overcoming Agoraphobia：Building the Commons of the Digitally Networked Evironment”，*Harvard Journal of Law and Technology*，Vol. 11，No. 2，1998，pp. 287－400. Charlotte Hess，Elinor Ostrom，“Ideas，Arifacts，and Facilities：Information as a Common-Pool Resource”，*Law and Contemporary Problems*，Vol. 66，No. 1－2，2003。

② Charlotte Hess，Elinor Ostrom，eds.，*Understanding Knowledge as a Commons*：*From Theory to Practice*，Cambridge，Massachusetts：The MIT Press，2007，p. 5.

③ Todd Sandler，*Collective Action*：*Theory and Applications*，Ann Arbor：University of Michigan Press，1992，p. 1.

④ Robert Putnam，*Bowling Alone*：*The Collapse and Revival of American Community*，New York：Simon and Schuster，2000.

共治理问题。

如何在众多的社科创新项目框架下确定最为关键的知识创新方向，是当前社科创新知识作为一种“公地”新形式所需研究的问题。正如在《公共事务的治理之道》一书中总结出 CPR 得以有效治理的八条原则一样，赫斯和奥斯特罗姆对于知识“公地”的有效治理同样提出了八条原则：

> 要清晰界定“公地”的边界；
> 各项规则要符合本地需求与条件；
> 受规则制约的个人可以参与规则的修订；
> 外部权威尊重社区成员设计适合自己规则的权力；
> 已建立对成员行为的自查监督体系；
> 有完整、成体系的制裁和惩罚措施；
> 社区成员诉诸冲突解决机制的成本低廉；
> 由一个多层次蜂巢式结构——多中心企业——进行组织管理。①

这八条原则并不是单独起作用的，而在成功的制度架构中共同发挥作用的，并且在失败的制度架构中往往是缺失的。它们在小规模同质性体系当中被发现，但尚不清楚对于知识“公地”这样的大规模复杂系统是否仍然起作用。

二、知识的公私混合属性

数据产生信息，而信息产生知识。② 知识泛指一切从经验或研究中获

---

① Charlotte Hess，Elinor Ostrom，eds.，*Understanding Knowledge as a Commons*：*From Theory to Practice*，p. 7.

② Thomas H. Davenport，Laurence Prisak，*Working Knowledge*：*How Organizations Manage What They Know*，Boston：Harvard Business School Press，1998，p. 6.

取的认知内容,[①] 包括本土知识，也包括学术或艺术创新知识，既可以是一种商品，又可以是一种建构社会的力量。因此，习得和发现知识既是一种社会进化过程，又是一种深刻的自我进化过程。[②] 由于知识自身的积累性特征，它更接近于一种纯公益（pure public goods），向一个人提供和向许多人提供知识的成本是相同的，此即消费的非竞争性（non-rivalry）或非递减性（non-subtractability）；同时，这些益处不会因某些人的获取或消费而使其他人无法获取或消费，此即受益的非排他性（non-exclusiveness）。[③] 知识本身是一种纯公益，但从阅读中获取的思想和智慧则是一种私有物品（private goods）。

任何公益的治理都要从社群中的人基于共享的资源所遵循的规则、制定的决策和从事的行为入手进行分析。在这一研究领域有三种经典的集体行动模型：囚徒困境（the prison's dilemma，PD）、集体无为（collective inaction）和公地悲剧（tragedy of commons）。囚徒困境是由数学家塔克（A. W. Tucker）在1950年提出的，指的是两个罪犯在无法合作的零和博弈模型中，尽管双方都不招供所能得到的收益之和比一方招供而另一方不招供的收益之和高，但两个罪犯在审判官的诱导下，最终还是会做出个体收益最高的“招供”选择，从而使这一博弈的结果是双方都招供的“纳什”次优均衡（Nash Equilibrium），而非双方都不招供的“帕累托”最优均衡（Pareto Equilibrium）。[④] 1965年，曼瑟·奥尔森（Mancur Olsen）在《集体行动的逻辑》一书中指出，集体行动有赖于行为体为达成某一共同目标进行合作的意愿，他在书中提出了个体参与集体行动的动力问题和“搭便

---

① Houghton Mifflin，ed.，*American Heritage Dictionary of the English Language*（4 edition），New York：Turtleback，2001.

② Michael Polanyi，*Personal Knowledge*：*Toward a Post-Critical Philosophy*，Chicago：University of Chicago Press，1958.

③ Inge Kaul，Pedro Conceição，Katell Le Goulven，Ronald U. Mendoza，*Providing Global Public Goods*：*Managing Globalization*，Oxford，New York，etc.：Oxford University Press，2003.

④ R. L. Cunningham，“Ethics and Game Theory：The Prisoner's Dilemma”，in G. Tullock，ed.，*Papers on Non-Market Decision Making II*，*Charlottesville*，VA：Thomas Jefferson Center for Political Economy，University of Virginia，1967.

车”难题，当针对个体的非集体性激励不足时，集体行动便缺乏合作动力，从而造成集体无为。[1] 1968 年，生物学家哈丁（Garrett Hardin）将牧人出于个人利益最大化而在牧场中过度放牧导致的超负荷现象称为“公地悲剧”，指出了公地为每个经济理性的行为体所提供的自由导致了集体毁灭的命运。[2]“公地悲剧”所进行的形象比喻使其获得了巨大的社会反响，但同时也引发了学术界的理性批判：在现实生活中，“公地悲剧”的极端情况很少发生，因为它描述的是完全开放且毫无管理的牧场，但现实生活中，大多牧场是有管理的；牧场中的牧人之间被描述为互不沟通交流，且只关注眼前私利，而不考虑长远合作所能带来的更大收益；哈丁只提供了私有化或政府干预两种解决方案，而现实生活中成功地对公地资源进行有效管理的案例，多是采取了适当的规则、多样化的冲突解决机制和较为清晰的社群界限。[3] 基于以上思考，学界提出了“反公地悲剧”（anti-commons）的概念，[4] 即因各类知识产权和专利的使用限制，很多稀缺资源不但没有出现过度使用，反而出现无人问津的情况。[5] 囚徒困境、集体无为和公地悲剧的共性在于，行为体都被困在一系列私利的诱惑当中，缺乏增信释疑、建立互信规范、创新权责规约的机会，从而出现了治理困境。

然而，对于以数字化形式出现的知识而言，并不存在“公地悲剧”的滥用困境，反而会出现知识越分享、影响力越大的正向发展趋势。

---

① Mancur Olsen, *The Logic of Collective Action: Public Goods and the Theory of Groups*, New York: Schocken Books, 1965.

② Garrett Hardin, “The Tragedy of the Commons”, *Science*, Vol. 162, 1968, p. 1244.

③ David Feeny, et al., “The Tragedy of the Commons: Trenty-Two Years Later”, *Human Ecology*, Vol. 18, No. 1, 1990, pp. 1 – 19.

④ Frank Michelman, “Ethics, Economics, and the Law of Property”, *Nomos*, Vol. 24, No. 3, 1982, pp. 3 – 40.

⑤ Michael A. Heller, “The Tragedy of the Anticommons: Property in the Transition from Marx to Markets”, *Harvard Law Review*, Vol. 111, No. 3, 1998, pp. 622 – 688.

三、知识创新：一种新公益

2002 年，美国哈佛大学教授尤查·本科勒（Yochai Benkler）在《科斯的企鹅》一文中对 Linux 操作系统向用户免费提供的反常经济现象进行研究，他发现：公益的大规模用户群体使生产者不担心免费提供的公益被“搭便车”，他们以协同创新的方式带来的创新影响力提升，较单打独斗“作坊”式生产，高出几百甚至上千倍。[1] 同 Linux 公司（商标为南极企鹅 Tux）自愿提供软件系统的开源经济学视角所带来的轰动效应相似，赫斯和奥斯特罗姆发现了兼具公私混合属性的知识这一新型的公益。这一重大发现所带来的一系列复杂而有趣的知识管理现实问题，为公益研究议程注入了新鲜血液。

第四节　研究假设

针对社科知识创新的公私混合属性，本书尝试探索验证这样一个假设：以公私合作的协同思路设计和构建社科研究项目管理体制，才能更好地推动知识这一具有公私混合属性的公益的生产、准入、使用和保护，从而促使项目出资方、项目受益人和项目管理者各自所承担的公私角色和公私权责能够在兼顾公私利益均衡的机制下，实现知识创新与学术交流的可持续发展。

一种公私合作机制能否成功，取决于多种要素。首先，合作关系涉及

---

① Yochai Benkler, “Coase’s Penguin, or, Linux and the Nature of the Firm”, *The Yale Law Journal*, Vol. 112, No. 3, 2002, p. 369. Linux 是免费使用和自由传播的类 Unix 操作系统。Linux 的企鹅 Tux（Torvalds UniX）商标来源于开源操作系统 Unix 的开发者李纳斯·托瓦兹（Linus Benedict Torvalds），其灵感来自企鹅所代表的极地是全球的公共用地。该商标的含义为：开源的 Linux 是为全人类共同所有的，任何公司无权将其私有化。

来自与社科知识创新这一公共利益相关的、所有制性质表现为公共、私有或非营利部门的两个以上行为体。社科研究项目的招标单位一般为公共部门，申报项目的研究者一般为私有行为体，若项目由研究团队组成，则可具体分析利益相关方的公私属性，而大多项目评估部门则为非营利第三方。第二，有竞争性指标，既要是最优秀的搭档，又要彼此之间协调合作，达成良好的竞合关系（co-opetition）。学术、财务和行政管理部门担负着重要的推动公平竞争的职责，实时、有效、动态的监督和审计是保证服务质量和资金价值得以实现的关键要素。第三，以项目框架达成的公私协作关系虽以资助经费的方式呈现，但更以彼此对自身公共事业推进的热忱和研究人员的创新激情作为长久、稳定的关系根基，行为体之间所具备的合作精神、契约责任和诚信行动，不仅是协议实现的外来约束，更是利益相关方内在意愿的自发表达和“超越式”遵守。第四，在既有资源条件下，研究人员通过具体的流程和行动提供项目成果，签约各方共担风险和责任。在项目经费管理办法的指导下，项目申请者在设计预算的同时，对于项目研究期限当中计划通过怎样的研究方法、实证数据去验证研究团队怎样的研究假设，以对目前已有的文献进行必要的补充或变革，需进行深入的思考和观点的呈现。若相应的承诺得以实现，研究成果将作为公共知识供官产学研媒各方采用，并可以作为合作基础，发现更新的研究突破点；而若相应的承诺无法实现，经费将被收回。第五，激励私有行为体提供公益事业所需的创新解决方案。项目竞标过程中，择优选拔的重要指标便是创新性与可行性，只有当项目招标方认为该项目申报所提出的研究问题、可能得出的结论和现实方案对于实践需求有重要理论意义与应用价值时，才会进行经费投入。第六，具有风险回报结构，私有行为体根据公共部门的要求提供服务，公共部门向私有行为体提供由绩效标准和支付机制确定的、能体现风险分担和激励元素的薪酬，从而防止劣质成果或品质虚报。①

---

① Herbert Robinson, etc., *Governance & Knowledge Management for Public-Private Partnerships*, MA: Wiley-Blackwell, 2010, pp. 5 – 6.

那么，从以上六个方面构成的公私合作视角考察社科研究项目，我们会发现：原本只是研究者单向的项目申报过程，变成了一个由研究者、管理者与实践者共同推动的“双环式”复杂创新平台。① 以公私合作的视角思考社科研究项目，也有助于我们考察项目合作可以在多大程度上产生知识创新的价值增值。

① Chris Argyris, Donald A. Schon, *Organizational Learning*, Reading, Massachusetts.: Addison-Wesley, 1980, pp. 20 – 26.

第二章　美国社科研究项目管理体制

思想的力量从不能被测量或评估。穷与富的差别不在于挣钱多少，而在于想法和行动。

——罗伯特·清崎（Robert Toru Kiyosaki）

莎伦·莱希特（Sharon L Lechter）

在很多美国学者看来，中国与美国虽然在经济总量上差距越来越小，但从公私组织的管理实力来看，两国之间的差距绝不是短时间内能够拉近的。对于美国的组织机构来说，研发并不是成功的关键，关键在于制度、社会与法治等宏观管理环境是否能够对具有优化能力的微观管理体制提供支持。美国在组织管理全生命过程的每个环节上，都力求卓越、引领世界。很多欧洲和日本的跨国机构非常希望向中国投资科研，但过后却总是因为美国拥有更为完善的知识产权保护服务，而将最具潜力的重点攻关项目投向美国。①

对于知识公益的管理，也涉及到宏观与微观两个层面的创新路径。知识管理机构本身要进行革新，项目管理机构也要实现管理成熟度的提升。从美国的经验来看，让知识公益的管理部门像私有部门那样运行，像管理一个企业那样管理国际合作项目，力求在知识公益提供与创新者私人能动

① Pankaj Ghemawat, Thomas Hout, "Can China's Companies Conquer the World? The Overlooked Importance of Corporate Power", *Foreign Affairs*, September/October 2016, pp. 86 – 98.

性之间寻求平衡，是一项提升项目管理能力的可行方案。

第一节　美国国家科学基金会

在20世纪末开始的重塑政府运动中，美国国家科学基金会（以下简称“NSF”）通过将财政管理与政府行政相结合的方式，将基金会管理这一原本被认为是单一行政活动的内容，置于提升组织卓越战略的“企业化政府”目标框架下。通过知识创新为宗旨的人力资本革新、创新绩效评估的业务流程和电子政务与信息技术的深度应用，NSF不仅在组织层面提升了管理效率，也突破了微观管理的一些瓶颈，包括专设项目官员岗位、采用更灵活的经费管理办法等。NSF的项目管理体制变革是与当前知识创新的范式变革要求相适应的，其对项目研究设计中“人文”价值的重视，值得中国借鉴。

20世纪80年代以来，以削减政府开支、提高政府效率为目标的新公共管理（New Public Management，NPM）运动发源于英国，影响波及新西兰、澳大利亚、美国、加拿大、荷兰、法国、德国、韩国、菲律宾等国，进而在全球兴起，主张为公共管理引入竞争机制，以市场或顾客为导向改善行政绩效。[①] 在这一背景下，美国第42任总统克林顿于1993年执政之后，开始了重塑政府运动（Reinventing Government Movement），在其国家绩效评估委员会提出的《从过程到结果：创造一个少花钱多办事的政府》报告中，提出了构建“企业化政府”的目标。[②] 无论是全球范围内的新公共管理运动，还是美国的重塑政府运动，都将原本与政治进程两相独立的

---

① 柴生秦：《新公共管理对中国行政管理改革的借鉴意义》，《西北大学学报（哲学社会科学版）》2000年第30卷第2期，第136页。

② Al Gore, *From Red Tape to Results*: *Creating A Government that Works Better and Costs Less* (Report of the National Performance Review), Darby, Pennsylvania: DIANE Publishing, 1993.

财政管理知识纳入到行政管理的话语体系中，使行政效率提高这一原本被认为是单一行政活动规划的内容与财务预算编制实现了有机结合。① NSF的一系列现代项目管理理念，正是在这一背景下提出的。②

设立于1950年的NSF，是独立于美国政府的基金管理非营利机构，资助美国教育和研究机构在科学（包含社会科学）与工程学领域开展基础研发、教育实践和基础建设的创新。资助范围包括自然科学和社会科学的12个学科大类。NSF设定的社会科学全称为“社会科学、行为科学和经济学（Social，Behavioral & Economic Sciences，SBE）”，具体分为三类：行为与认知科学、社会与经济科学和科学计量学。③

NSF的组织目标在于：通过项目研究及其成果转化，培养世界一流的科学家、数学家、工程师和有见解的公民。④ 为了达成这些宗旨，NSF自身并不设立实验室或开展研究，而是通过对项目经费进行科学管理的方式，与个体研究人员、研究团队、大学、院校和研究机构开展合作，招标对象包括从学龄前教育机构到各类职业教育机构，涵盖全美范围内的联邦、州立、市县镇、私有部门等，在每年3.5万项竞标申请书中，有1万项可成功立项，⑤ 立项率约为28.6%。NSF的经费每年由国会下拨，约占联邦向学术研究机构拨付基础研究总经费的20%，⑥ 截至2013年底，在受

① Ann L. Watkins，C. Edward Arrington，“Accounting，New Public Management and American Politics：Theoretical Insights into the National Performance Review”，*Critical Perspectives on Accounting*，Vol. 18，2007，pp. 33 – 58.

② 陈敬全、吴善超、韩宇：《卓越管理：美国国家科学基金会的实践和启示》，《中国科学基金》2007年第1期，第54页。

③ The National Science Foundation，“Chapter V. Allowability of Costs”，*Proposal Award Policies and Procedures Guide*，*Part II*：*Award & Administration Guidelines*，April 28，2011，http：//www. nsf. gov/pubs/policydocs/papp/aag07140. pdf，[2014 – 08 – 24].

④ The National Science Foundation，*National Science Foundation Strategic Plan FY 2003 – 2008*，September 30，2003，http：//www. nsf. gov/pubs/2004/nsf04201/FY2003 – 2008. pdf，[2014 – 09 – 21]，p. 3.

⑤ Ibid.

⑥ The National Science Foundation，*Grants. Gov Application Guide*：*A Guide for Preparation and Submission of NSF Applications via Grants. gov*，January 14，2013，http：//www. nsf. gov/pubs/policydocs/grantsgovguide0113. pdf，[2014 – 08 – 24].

到 NSF 资助的项目研究人员中，已有 212 人获得诺贝尔奖（包括 50 位经济学奖得主）。[①]

自 1982 年以来，在国家绩效评估战略转向的情况下，美国向 NSF 投入了相当于之前 5 倍的预算，带动了成倍于以往的申报者提交申请。[②] 申请数量的增多意味着工作量的增大，但员工人数是既定的，如何在有限的财力、物力和人力条件下实现更为卓越的管理绩效，成为 NSF 在美国新公共管理转型过程中不得不面对的严峻挑战。为此，NSF 推出了以下几项举措：

一、提出组织卓越战略

基于 1993 年美国国会通过的《政府绩效与结果法案》（GPRA），[③] NSF 自 1997 年起开始制定 5 年战略规划，每 3 年修订一次。结合 2001 年 8 月布什政府在《总统管理议程》（PMA）中提出的 5 个企业化具体要求，即：人力资源战略管理、以市场竞争分配资源、财务绩效有效提升、电子政务范围扩展以及将绩效与信誉挂钩。[④] 由此，联邦预算管理进程便从原来的“政府能够开支多少费用”转变为“政府能够取得多少业绩”。[⑤]

---

① The National Science Foundation, *Fact Sheet: NSF-Funded Nobel Prize Winners in Science through 2013*, October 22, 2013, http://www.nsf.gov/news/news_summ.jsp? cntn_id = 100683, [2014 - 09 - 17].

② 陈敬全、吴善超、韩宇：《卓越管理：美国国家科学基金会的实践和启示》，《中国科学基金》2007 年第 1 期，第 54 页。

③ Robert M. McNab, François Melese, "Implementing the GPRA: Examining the Prospects for Performance Budgeting in the Federal Government", *Public Budgeting & Finance*, Vol. 23, 2003, pp. 73 - 95.

④ Laurence E. Lynn, Jr., Sydney Stein, Jr., *New Public Management Comes to America*, *Harris School Working Paper (Series 08.04)*, the University of Chicago, Presentation at the International Conference on Public Management in North America, El Colegio de Mexico, Mexico City, October 27 - 28, 2005, http://harris.uchicago.edu/sites/default/files/working-papers/wp_08_04.pdf, [2014 - 09 - 21], p. 3.

⑤ Robert M. McNab, François Melese, "Implementing the GPRA: Examining the Prospects for Performance Budgeting in the Federal Government", p. 84.

NSF从组织管理学的视角进行思考，将自身看做一个企业，将基金投入视为研发经费，将科研项目成果视为产出，在编制预算时，更为科学合理地进行绩效评估，以长远的战略眼光制定项目管理策略。2006年，NSF提出了组织卓越战略的三大投资重点，即人力资本、业务流程和技术工具。

（一）以创新为宗旨的人力资本革新

在人力资本方面，NSF提出了两项创新举措。一是电子公文系统人力资本试点研究（E-Jacket Human Capital Pilot Study）。NSF积极利用美国政府基于网络的电子学习系统GOLearn，并与美国人事管理局合作，使用其学习管理系统，探索员工的激励机制，在2004年实现了全员绩效管理，即根据NSF的使命、战略目标和年度目标制订所有员工的绩效管理计划，并将其作为员工考核的依据。二是行政职能研究（Administrative Functions Study，AFS）。NSF开展创新型人力资本研究，于2003年成立NSF学院（NSF Academy）并开展员工培训，逐步调整年度绩效奖金总额，使增幅升至所有员工工资的5%。其管理模式的革新业绩表现为：学生参与科研费用从每年5000美金增至1万美金；推动产业革新和生产力；增加国际合作经费；重视小规模院校的项目申报；提高项目管理透明度和形象化平台管理；为少数民族、女性和残疾人提供实习或受雇机会。①

（二）创新绩效评估的业务流程设计

NSF有7个学科部、3个管理办公室和6个职能办公室，其中，总监察长办公室直接向国家科学委员会和国会报告，并向国会申报经费。学科部、极地项目办公室和综合办公室负责项目管理申请和资助业务，综合办

① John Walsh，"Knapp Reinterprets Excellence at NSF"，*Science*，New Series，Vol. 222，No. 462，1983，pp. 990－992.

公室负责交叉学科项目。项目管理采取“自下而上”的方式，每年两次向全国征集。“择优”是 NSF 资助原则的核心，为了保证其公平客观，NSF 对自身的“科学价值”和“社会影响”两项指标定期进行同行比较和社会评估。通过提高资助强度（一般项目提高到 15 万美元）和延长资助期限（每 3 年一个周期延长到每 4 年一个周期），鼓励知识集成和协同合作，在创造宽松环境的同时，有利于研究生培养。①

在项目经费管理的各个流程中，无论是在研究人员的创新水平方面，还是在项目管理者的服务水平方面，都设立了评估指标。对成果创新度的测量、项目受益人群的测算、项目设备和耗材采购，都有较为系统的规定和具体的指标，并不断对这些指标的科学性进行考证。

（三）深度应用电子政务与信息技术

在技术和工具方面，落实《总统管理议程》中关于扩展电子政务范围的要求，将高质量的电子通信和处理系统作为重要保证，于 1999 年开始采用 FastLane 系统，实现了申请、受理和评审的电子化。2002 年建立了跨部门、跨机构的公共财政资助申请站点 Grants. gov，与国立卫生研究院（NIH）及能源部（DOE）共同制定了项目资助数据标准。2005 年实现了 FastLane 和 Grants. gov 网站之间的联通。② 2000 年，NSF 通过采用 E-Jacket 系统实现了无纸化办公，使项目从提交到审定的时间平均缩短了 20 天。信息技术的提升使远程办公人数到 2005 年 6 月达到 416 人，约占所有员工的 31%。③

---

① 陈准、郑永和、韩建国：《美国国家科学基金会加强内部管理的四项要点》，《中国基础科学》2001 年第 4 期，第 44—45 页。

② The National Science Foundation, *FY 2004 Assessment Methods and Results: Organizational Excellence Goal*, August 25, 2011, www. nsf. gov/oirm/bocomm/meetings/june _ teleconf _ 2004/oe _ goal_ assess. doc, [2014 - 09 - 22], pp. 22 - 23.

③ 陈敬全、吴善超、韩宇：《卓越管理：美国国家科学基金会的实践和启示》，《中国科学基金》2007 年第 1 期，第 56 页。

二、专设项目官员岗位

在组织卓越战略的总体实施框架中，NSF 项目管理还专门设置了“项目官员”（Program Officer）的岗位。项目官员既要有学术研究功底，具备管理专业技能，又要有某一学科的专业学位和 6 年的学术研究经验，有与科学家直接对话、交流和谈判的能力。NSF 及其有关机构就像课题专家评议组、财务部门与课题负责人之间的“桥梁”，项目官员具体实施课题的遴选，组织课题专家评议组评议，与课题负责人就研究内容、方法和预算进行谈判，负责向上一级做出经费资助推荐意见和预算调整、继续资助、延伸资助、补充资助、更换负责人等决定。项目启动后，其又负责监督资助课题各时段的研究报告和财务报告，负责协调 NSF 的政策与课题实施之间的矛盾与冲突，负责提供具体的现金支出报告等。2004 年，NSF 的项目官员多达 385 人。① 在 NSF 的项目申报指导手册中，项目官员在各个关键环节均被提及。② 项目官员在行政管理层和工作人员之间构建良好的沟通渠道，由 NSF 办公室信息处经内部网发布各类信息，各部门可以便捷地通过网络将反馈信息提交到办公室信息处，并向上级汇报。③

（一）管理成熟度的衡量要素

项目官员的设置是项目管理成熟度的一个衡量要素，因为经费管理办法、创新研究思路、过程风险控制都需要由人来执行。传统的项目管理一般落实到科研管理单位，指定相应项目的联系人，但实际进程中的项目管

---

① 叶继元：《美国社科研究经费的管理及其启示》，《甘肃社会科学》2011 年第 4 期，第 46—47 页。

② The National Science Foundation, “Part II-Award & Administration Guidelines”, *Proposal and Award Policies and Procedures Guide*, [NSF 07 - 140, OMB Control Number: 3145 - 0058], April 2007, Effective June 1, 2007, http: //www. nsf. gov/pubs/policydocs/pappguide/nsf13001/aag_ index. jsp, [2014 - 09 - 22].

③ 陈准、郑永和、韩建国：《美国国家科学基金会加强内部管理的四项要点》，《中国基础科学》2001 年第 4 期，第 46 页。

理很多还是采用行政管理方式，自上而下地进行审批。“无人化”的项目管理方式无法调动项目实际管理者的积极性、能动性和创造力。正如科研人员或教师所进行的创新活动一样，在没有项目资助的情况下，他们最初的知识创新都是始于自愿的，其所为公共事业带来的好处，在初始阶段并没有得到相应的补偿，于是产生了经济学意义上的正外部性。随着这种创新活动的益处逐渐为政府、基金会或公共组织所感知，基金会便开始通过项目资助的方式向研究人员提供资助，以弥补知识创新者未能得以补偿的正外部性。① 于是，让个体研究人员参与到能够解决学科理论或实践难题的创新活动中去，会形成研究者个体与公共知识创新事业之间的公私合作关系（PPP），而让个体项目管理员参与到项目管理微观过程中去，则可以构建以“如何优化知识创新机制”为问题导向的自主治理机制，若能辅以“项目官员”岗位绩效机制，则可实现体现个体差异的激励与奖惩。

（二）经费合理与否的判定方

为了使项目官员通过与项目利益相关方互动交流，更好地建立项目管理的可持续网络平台，欧美国家在预算经费的间接合理费用（indirect eligible costs）中允许设立关于项目协调与支持行动的经费（或称“管理费”），其比例一般不超过项目直接合理费用（direct eligible costs）的 7%，用于项目官员自主开展针对研究人员和管理人员的培训、经验交流会、构建可见性平台（网站或项目管理系统），从而使管理费用随项目经费和管理复杂性动态增减。②

通过与项目利益相关方之间的沟通交流，项目官员能够对经费使用过

---

① 外部性又可称为溢出效应、外部影响或外差效应，是指一个经济主体（生产者或消费者）在自己的活动中对旁观者的福利产生的有利或不利影响，并为第三方造成了成本。正外部性是指有利影响，在这里指科研活动所产生的创新知识对人类社会生产实践造成的有益影响，是社科项目经费资助方提供资本性投资的合理性所在。

② European Commission, *FP7 Grant Agreement-Annex II General Conditions* (*Version 6*), January 24, 2011, http://ec.europa.eu/research/fp7/pdf/fp7_ grant_ agreement_ annex_ ii_ - _ general_ conditions.pdf#view = fit&pagemode = none , [2014 - 09 - 23], p. 18.

程中出现的难题、问题和“最佳实践”进行知识分享和实时更新，并且可以形成对经费管理评价指标的专业见解。财务和审计部门面对的是经费支出的各种票据，而没有足够的时间去考虑经费的花销是否与该项目主题相关，以及这样的支出能否真正地带动创新知识的生成。项目官员则可以通过与项目负责人及研究团队人员之间的切实交流，洞察不同的项目经费支出之间有怎样的差别或异质性（heterogeneity），进而给出具有针对性的建议。项目官员作为介于严谨的财务审计与自由的知识创新之间的均衡角色，需要有原则性、可信度和灵活性，是项目管理过程中的中枢力量。

（三）隐显知识转化的推动者

在项目管理自身的生命循环过程中，项目官员与管理绩效之间的关系，通过职业发展、薪酬待遇和知识产权的方式建立起来。这种看似“私有化”的公益提供过程,① 能够将研究人员和管理人员的创新知识和实践经验更为高效地融合到项目管理过程当中，进而更好地推动项目经费管理、学术管理、风险管理、目标管理等隐性知识（Tacit Knowledge）向显性知识（Explicit Knowledge）的转化，从而使知识创新能够并列地纳入新知增长点带动下、由多个隐显知识转化过程构成的螺旋式升级优化链当中。②

三、经费使用公开灵活

在为项目研究确定了明确的宗旨、项目资助对象、科学管理流程之后，NSF 在经费的使用方面，赋予项目官员相对独立的决定权，但通过信息公开，使个体的自由权力在客观有效的监督之下得以实现。

同其他科研项目相同的是，NSF 的科研项目经费也分为直接合理费用

① ［德］魏伯乐、［美］奥兰·扬、［瑞士］马赛厄斯·芬格主编，王小卫、周缨译：《私有化的局限》（罗马俱乐部报告），上海三联书店、上海人民出版社 2006 年版，第 19 页。

② Ikujiro Nonaka, “The Knowledging-Creating Company”, *Harvard Business Review on Knowledge Management*, Boston: Harvard Business School Press, 1998, pp. 21 - 45.

（direct eligible costs）、其他直接合理费用（other direct eligible costs）和间接合理费用。直接合理费用包含人员工资或津贴、设备购置费、耗材费、交通差旅费、计算机使用费、专家咨询费、数据资料费和活动经费。其他直接合理费用包括新闻和信息发布费、租用设备费、会议费（不含娱乐费）等5项费用。间接合理费用是一种弹性的经费分配机制，指经与项目官员商议过的可支出费用，包括公共维修费、管理费等。间接合理费用是防范科研项目目标实现过程中的风险，纳入项目研究所需人力、智力投入及相关辅助、配套成本的重要渠道。根据课题内容、学术积累和研究环境，项目官员与课题组负责人可以通过协商灵活确定项目团队当中的人员劳务所得。这种灵活性体现在对研究人员设身处地的人文关怀上。比如，NSF明确规定，以大学教研人员为课题负责人的工资补贴发放，最多不能超过两个月，但如果课题研究人员在周末或晚上讲课，则可根据具体工作时间协商。[①] 这种灵活机制使研究经费能激发参与人员的积极性和能动性，让研究者因从事创新型研究工作而得到认可和鼓励。

灵活度赋予项目经费使用者以相对自由的裁量权，而审计制度和信息公开则使经费使用者有章可循、收放有度。NSF的财务审计监督体系以国家、自身和公众为三个层面的审计主体，经费的确定、分配、批准、开支、汇报、审计信息都是公开、透明、可查核的。对于最有创造性、冒险性的研究，还专门设立了两年的创新经费延伸资助，只要具有合理性，均可按照预先支取、延后付费等程序获得批准。[②]

四、小结

从NSF的项目经费管理经验来看，其之所以能够成为引领美国科学前沿、推动美国科研创新、引领世界知识走向的项目管理机构，与其组织的

① 叶继元：《美国社科研究经费的管理及其启示》，《甘肃社会科学》2011年第4期，第47页。

② 同上。

企业化管理、项目官员的设立与培养以及公开灵活的经费动态调整机制都是密不可分的。

纵观全球范围内的科研创新管理机构，在激发研究者发现解决现实重大难题的思想产品方面，除了激励研究者个人之外，科研管理体制革新也是非常重要的因素。我们当前所处的时代，是一个生产力、生产关系和生产方式发生着颠覆性变革的时代。知识创新方式不再是“作坊式”的单打独斗，而是以概念和方法创新为导向、大量人员彼此协作完成有潜在附加值的“对等生产”范式，它不同于由一个中央决策过程决定的“差序式”生产，也不同于由市场需求决定的“激励式”生产，而是在产品供给与用户需求之间以相关度（relevance）和可靠性（credibility）为基础进行的“开源共享式”（open-source）自主创新与联合研发。对等生产激发的创意灵感包含的先发优势所能带来的规模效益和增值空间，远超过单纯依靠产权界定或价格标签带来的市场价值。①

在创新知识的生产方式发生变革的情况下，知识创新者之间的生产关系也发生了变革。在生产的过程中，他们就是自己生产的产品的忠实消费者，他们自产自消的公益所得到的回报，为知识公益生产的初期投入提供着稳定的支持。他们因有内在消费需求而变身公益生产者，而这些既是生产者，又是消费者的群体被称为“产消者”。“产消者”在“对等生产”过程中，时而生产、时而消费，同时，新的消费者在“开源”模式下，可以随时变身“产消者”，于是，对等生产网络和产消者队伍能够不受传统组织规模和国家主权约束而无限壮大，形成一种“云效应”，这就为全球公益可持续供给提供了稳定的行为主体与合作基础。在这一过程中，“产消者”对新加入的消费者的能力建设，是消费者转变为合格的产消者、提供知识公益的关键。所以，具有人才培养、规范传播和奖惩机制的“产消联盟”（prosumer alliance），则是创新知识这一公益提供效率与质量提升的重要推动因素。在现

① Yochai Benkler，“Coase's Penguin，or，Linux and the Nature of the Firm”，*The Yale Law Journal*，Vol. 112，No. 3，2002，p. 372；［美］唐·泰普斯科特，安东尼·D. 威廉姆斯著，何帆、林季红译：《维基经济学：大规模协作如何改变一切》，中国青年出版社 2007 年版，第 156 页。

实生活中，产消者往往是在官、产、学、研、媒各行各业具有长远眼光和行动能力的公共创业者（public entrepreneurs），他们是公共事业可持续发展的领跑者，他们有的投身于知识创新（如科学家、知识分子、行业专家），有的致力于共有知识的规范传播（如国际组织、二轨机制、非政府组织），有的本身就是公共决策者或建言献策者（如公务员、智库和政策研究者），因此可以将他们分为知识创业者、规范创业者和政策创业者三类。

在知识创新的生产方式和生产关系都已发生了以上变化的时代，知识公益的管理更应发生相应的变化。如果说以往的知识管理和项目管理主要是基于货币工具与收益计算的财务和审计体系的话，当代的社科研究项目管理体制则要努力将“无价”的优秀成果挑选出来，对其加以激励和弘扬。那些能够颠覆原有惯例的“利他”价值、创新思想或优秀规范，应当在项目管理的框架下为人所知、为人所学、为人所用。或者说，那些呼唤人类本性中更加贴近“神性”而远离“兽性”的社会科学知识，应当更多地受到资助，并被赋予更为自主的研究权限，从而使更多的人从中受到启迪。这样的一些知识公益，往往在目前尚不能为产权所界定、价格所标识、货币所交换，因此应被赋予“无价”的价值。[①] 应改变以简单成本效益分析法看待社会科学研究成果的视角，尝试去创造一系列治理机制，将无价的社会价值纳入到有价的项目资助当中。当正向激励的创新思维和评价标准被纳入项目评估体系时，便是其可以量化评测之时，而这一变无价为有价的奇妙过程，将会极大地促进优秀研究成果的产出。

第二节　富布赖特项目

富布赖特项目（Fulbright Program）是目前世界上时间最长、规模最

---

① Frank Ackerman, Lisa Heinzerling, *Priceless: On Knowing The Price Of Everything And The Value Of Nothing*, New York: New Press, 2005, pp. 8 - 9, 164, 177.

大、声誉最高的国际教育与文化交流计划，是由来自阿肯色州的前参议员威廉·富布赖特（James William Fulbright）提出，并于1946年立法设立的。该计划由美国国务院教育和文化事务局（BECA）管理支持。该基金会自成立至今的60年间已资助了大约28.7万名富布赖特学友，其中38%来自美国，62%来自155个其他国家，包括51个建立“两国富布赖特管理委员会和基金会”的国家，每年约为7000名学友提供奖学金。中美富布赖特项目是全球富布赖特项目的一部分，在该项目的支持下，中美两国推动教育工作者、研究人员、专业人员和学生进行研究和教学交流活动。

富布赖特项目的一大特点，是其力求构建与合作国项目受益人之间的民间互动式感化关系，这有助于弥合民众多元价值观与国家外交决策之间的矛盾，推动各国民众更为准确地评判美国文化和政治外交决策，加深对彼此的理解。

一、项目设立的最初动力何来

富布赖特项目的创立与富布赖特身为英国罗兹奖学金（Rhodes Scholarships）受益人以及他本人反对越战，强调美国不应穷兵黩武、丧失国魂、走向传统帝国衰败老路的政治见解是密不可分的。

（一）罗兹奖学金获得者

富布赖特1905年出生在密苏里州的一个富人家庭。在阿肯色大学就读时，年仅17岁的富布赖特获得了牛津大学罗兹奖学金。该奖学金由塞西尔·罗兹（Cecil J. Rhodes）创设于1902年，每年选取全球85名品学兼优的学生在牛津大学万灵学院（All Souls College）学习2—3年，奖金额度每年约为4万美元。在英国，成为万灵学院的成员被认为是学术领域的最高荣誉。

富布赖特在牛津大学期间，曾赴中欧和希腊游历，这使他认识到学习多种文化和了解其他国家民情的重要性。1944年，他成功竞选参议员，并于2年后推动参议院通过了美国与其他国家进行教育与文化交流的《富布赖特奖学金法案》(Fulbright Act)。

与罗兹奖学金的相似之处在于，富布赖特奖学金也致力于通过民间交流或公共外交提高本国的影响力。

(二) 反越战的外交斗士

1945年9月，第二次世界大战刚刚结束，参议员富布赖特即向美国国会提出一项议案，要求国会授权美国国务院利用出售战争剩余物资所得以及由外国政府借贷的外汇资金，资助美国公民出国从事教育、文化和科学领域的国际交流活动。[①] 此议案作为《1944年剩余物资法》(The Surplus Property Act of 1944) 修正案获得通过，于1946年8月1日由杜鲁门总统签署生效。该法案中有两项条款对于达成双边协议至关重要：一是参与国必须具有2000万美元的准备基金，每年投入项目的经费为100万美元；二是该项目由美国人组成的董事会负责遴选和实施。[②] 在此法案授权下开展的美国对外文化教育交流活动，即富布赖特国际交流项目的内容。1959年，富布赖特成为美国参议院外委会主席。他坚决反对越战，是鸽派代言人之一。他认为，越战正在毒害和兽化美国人的生活。如果只有通过枪炮才能使越南胡志明政府回归理性，那么美国国内对黑人住房和就业的种族歧视政策，就可以直接用子弹和枪炮来消除了。历史证明，战争并不是实现和平的唯一方式，甚至并不是一种有效的方式。他同时指出，青年人是国家外交呈现病态价值观之后、国内坚持追求美国梦的重要力量。富布赖特忧国忧民的情怀使得以他名字命名的这一项目与“和平”、“价值”、“学者”和“青年”这些关键词联系在一起，充分体现了这位对美国外交有深远影响力的政治家的远见卓识。

二战后，以富布赖特为代表的一些美国政治家认为，加强国家及其人

---

① Walter Johnson, Francis James Colligan, J. W. Fulbright, *The Fulbright Program: A History*, Chicago: University of Chicago Press, 1965, p. 12.

② 顾钧:《“富布赖特”往事》,《读书》2016年第11期，第43—44页。

民之间的交往，致力于不同文化之间的学习，可以使国际机制比过去的权利体系更文明、更合理和更人性化。他们也认识到，让世界其他国家和人民认识并了解美国，符合美国的利益。① 富布赖特本人将该项目的宗旨解释为“了解、融合、共处”：“实施教育交流的目的是非常明确的，这就是使美国人了解现实中的真实世界，同时使世界各地的学生和学者了解真实的美国。……我以为，这是一种美国人不必引以为耻的真实‘形象’。更深远的目的是使美国在文化和技术上的优势惠及全世界，同时通过让美国接触更多其他社会的科学和艺术，丰富、改善美国人的生活。最后，计划的目的是通过以上途径和手段，将多一点的知识、多一点的理性和多一点的怜悯带进世界事务中，并由此增加各民族最终学会和平友好相处的机会。”②

（三）全球战略实施之策

从历史上看，美国是一个注重文化外交、强调对外施加文化影响的国家，有目的、有计划地将文化权力作为实现国家利益的特殊政策工具，是其外交工作中的一项重要内容。肯尼迪总统时期负责教育和文化事务的助理国务卿库姆斯（Philip Coombs）就认为，教育和文化事务在完成美国对外政策的目标方面，同政治、军事和经济事务同样重要。③

中国是第一个与美国签署富布赖特项目合作协议的国家。1947 年 11 月 10 日，中华民国外交部长王世杰与美国驻华大使司徒雷登在南京签订了《美国在华教育基金协定》。④ 该协定的签署，标志着中国成为全世界首个与美国具体签署富布赖特计划双边合作协议的国家，拉开了富布赖特计划

---

① 王毓敏：《富布赖特计划初探》，《兰州教育学院学报》2005 年第 2 期，第 22 页。

② Walter Johnson, Francis James Colligan, J. W. Fulbright, *The Fulbright Program: A History*, Chicago: University of Chicago Press, 1965, p. viii.

③ ［美］罗伯特·布路姆（Robert Blum）编，北京编译社译：《美国文化事务与对外关系》，世界知识出版社 1964 年版，第 198 页。

④ 该协定全称为“为使用依照一九四六年八月三十日‘剩余战时财产出售协定’第六条第（一）节第（一）项所规定资金之协定”，又称“中美文化协定”。协定内容参见：王铁崖《中外旧约章汇编（第三册）》，三联出版社 1962 年版，第 1545—1550 页。

在全球实施的序幕。1948年，第一位富布赖特访问学者，来自宾夕法尼亚大学的汉学家德克·卜德（Derk Bodde）来到中国。[①] 到1949年，共有24位中国人和27位美国人参加了这一交流项目。但是，在中华人民共和国成立后不久，该项目便被终止。1979年美中关系正常化以后，富布赖特项目即告恢复，项目所涉及的范围此时已经有了很大的扩展。[②] 1983年，按照中国学术界所定义的学科，美国奖学金项目正式纳入美国研究，包括美国的方法论研究。此后，项目扩展到全国近60所院校，大多是教育部直属的大学和指定院校。目前，该基金会的资助水平可以支持每年约20位美国讲学者，40位美国访问学者、学生与近40位中国访问学者和研究生的交换。[③]

卜德携家人来到北京从事学术研究的这一年，恰好是中国解放战争的决战阶段，他凭一个中立观察者的眼光，全面记录了自己在北京的见闻，并将这些反映中国由国民党到共产党政府过渡时期的第一手材料，撰写成《北京日记：巨变的一年》一书，于1950年出版。[④] 这是第一部西方观察者完整记录北京在1948—1949年所发生事件的书。卜德在中国的特殊经历和这本书的出版，使他成为研究20世纪40年代末中国政治的汉学权威。同时，他还热心于将中国文化、哲学、历史介绍到美国。他花了20年时间将中国哲学大师冯友兰的巨著《中国哲学史》译成英文出版，该书是美国学者研究中国哲学思想的必读书，在美国的中国学研究领域产生过很大影响。[⑤]

目前，该计划资助的学友包括诺贝尔奖和普利策奖获得者、州长、参议员、大使、艺术家、总理、教授、科学家、最高法院法官等。2007年，约有6000位富布赖特学友获得资助，总金额达2.62亿美元。

---

① Derk Bodde, *Peking Diary: A Year of Revolution*, New York: Henry Schuman, Inc., 1950.

② 胡文涛:《美国富布赖特项目早期在中国的活动述评》,《学术论坛》2005年第7期（总第174期），第179页。

③ 王毓敏:《富布赖特计划初探》,《兰州教育学院学报》2005年第2期，第25页。

④ Derk Bodde, *Peking Diary: A Year of Revolution*, New York: Henry Schuman, Inc., 1950.

⑤ 胡文涛:《美国富布赖特项目早期在中国的活动述评》,《学术论坛》2005年第7期，第180页。

可以说，富布赖特项目的实质是要增进美国和世界其他国家的相互了解，在全球推行美国的文化理念和价值观，促成全世界对美国的认同。这是二战后的美国继政治上倡建联合国、经济上创立布雷顿森林体系之后，在文化领域对全球体系制高点的抢占。①

二、项目资金管理的特点

富布赖特项目实施后一直由 BECA 负责一般性行政事务并落实资金，与他国协商签订协议，派遣工作人员并按时提交报告，按照威廉·富布赖特奖学金国外委员会（Board of Fulbright Scholarship，BFS）制定的方针进行资助。1978 年 4 月，卡特政府将 BECA 并入新闻署，并将新闻署改名为美国国际交流署。1982 年，里根总统又将美国国际交流署改回为新闻署，富布赖特项目受新闻署管理。1999 年 10 月，克林顿政府将新闻署重新并入美国国务院，BECA 成为国务院的下属部门。富布赖特项目的一般性事务改由国务院负责。

从项目资金的管理机制来看，尽管该项目是由美国政府总体负责，但其具体管理主体是与跨国公私部门合作完成的，项目过程中的经费管理也由双边合作的不同机构完成，而受资助的富布赖特学友之间的互动，则是由遍布世界的政府和非营利机构协同推进的。

（一）跨国公私合作

富布赖特项目的主要资金来自美国国会每年的拨款。外国政府和私人机构主要通过共同承担费用或间接支持（如工资补助、减免学费和提供大学住宿）等方式提供部分资助。以 2007 财政年度为例，美国国会向富布赖特项目拨款 1.988 亿美元，外国政府则通过两国富布赖特管理委员会和

---

① 卢永嘉：《美国富布赖特计划在中国的早期实施（1947—1949）》，苏州大学 2007 年硕士学位论文，第 8 页。

基金会资助了6320万美元。[①]

富布赖特项目的具体管理任务主要由4个单位完成。第一，由国际教育协会（IIE）实施赴美学生计划并监管在美富布赖特学者。IIE是成立于1919年的独立非营利机构，是全球规模最大、最有国际教育和专业培训经验的组织之一，在全球175个国家从事数百种项目管理。1946年富布赖特项目提议获准后，IIE成为项目管理机构之一。目前，根据中国法人机构注册相关规定，IIE以企业注册为达博意（北京）咨询有限公司。第二，由国际学者交流理事会（The Council for International Exchange of Scholars, CIES）管理学者和专业人士的交换和交流，该理事会是IIE的附属机构。第三，由北美中东教育和培训服务部主管来自中东和北非的交流学生。第四，由美洲学术和专业人才项目与富布赖特项目一起开展与拉美的交流，该项目是附属于哈佛大学的非营利组织。1938年，美国国务院设立了专门对拉美地区进行教育与文化交流的美拉科技文化合作联合委员会和文化事务处。[②]

两国富布赖特管理委员会和基金会负责富布赖特年度海外国家项目的规划。在设有两国富布赖特管理委员会和基金会的国家，由美国使馆公共事务部门负责，目前有50个委员会，其中47个由美国和所在地政府共同资助。每个委员会和基金会都有一个协会，由同样数量的美国人及参加国公民组成。

BECA执行BFS确立的项目方针。BFS由美国国会成立，按照《富布赖特法案》授权的固定项目挑选学者参加交流计划，是项目的管理和执行机构。该委员会是由总统指定的12位委员组成的独立实体，为管理富布赖特项目制定政策、程序和择录标准。委员会每3个月在华盛顿举行一次会议，确立世界范围内的政策、常规运作步骤和项目年度报告，同时与BE-

---

① 王毓敏：《富布赖特计划初探》，《兰州教育学院学报》2005年第2期，第25页。

② Walter Johnson, Francis J. Colligan, *The Fulbright Program: A History*, Chicago: University of Chicago Press, 1965, p. 8.

CA及两国富布赖特管理委员会和基金会保持密切联系。[①] 奖学金的授予对象由两国共同确立的双边委员会指派专家进行公开选拔，择优确立奖学金受益人。

富布赖特协会（Fulbright Association）是富布赖特项目的传统服务机构，由美国政府及合作国政府共同资助建立。合作国两国富布赖特管理委员会和基金会负责计划和实施教育交流活动，筹集资金并招募和提名候选人，选择当地优秀教育机构接待富布赖特学者，帮助新报到的学友熟悉当地环境，并向公众提供美国研究方面的信息服务。

富布赖特项目是在1985年7月23日签订的《中华人民共和国政府和美利坚合众国政府教育交流合作议定书》的支持下运作的，该议定书的目的是“本着平等、互惠和互利的原则促进教育领域的合作和交流”。[②] 该项目由美国驻华大使馆新闻文化处教育交流中心（American Center for Educational Exchange，ACEE）和中国教育部国际合作与交流司共同管理。中国教育部所属的中国国家留学基金管理委员会（CSC）协助吸收中国人员参加富布赖特项目，并协助在华机构安排获富布赖特项目资助的美方人员。

1949年新中国成立后，富布赖特项目曾一度终止。1979年中美关系正常化以后，富布赖特项目作为中美高层学术合作项目恢复，所涉及学科得以扩展。1985年，《中美政府教育交流议定书》正式将该项目纳入教育交流范畴。中方指定的执行机构1980—1984年间为中国社会科学院（CASS），1985年后改为国家教育委员会（State Education Committee，SEC）。1999年，在教育部的指导下，该项目事务性管理工作由CSC负责。中国赴美学者及学生的面试，则由CSC协同ACEE（后更名为“北京美国中心”，简称“BAC”）共同完成。2002年5月，教育部副部长章新胜在访

---

① Walter Johnson，Francis J. Colligan，*The Fulbright Program*：*A History*，Chicago：University of Chicago Press，1965，p. 8.

② 中华人民共和国驻美国大使馆教育处：《中国与美国教育交流简况》，2016年5月30日，http：//www. sino - education. org/publish/portal131/tab6578/info126735. htm，2017年3月31日登录。

美途中提出中方希望扩展富布赖特中国项目的想法，美方表示支持并予积极响应。2003 年 2 月，教育部通过了《关于扩展富布赖特中国项目的方案》，从人数、学科、类别和费用 4 个方面扩展中美富布赖特项目，所涉学科扩展到经济学、法学、政治学等 19 个学科。自从 2004 年秋季开始实施新方案以来，美中政府分摊中美富布赖特项目奖学金，“富布赖特中国项目”改名为“中美富布赖特项目”。中美富布赖特项目的管理和指导由美国在华教育基金会（US Education Foundation in China）董事会具体负责。美国驻华大使任董事会主席，5 名董事全部由美国人担任。中国政府任命的由 5 位咨询委员会组成的顾问组可以出席董事会会议并参与讨论，他们的意见在董事会审议决策时会给以适当考虑，但没有否决权。①

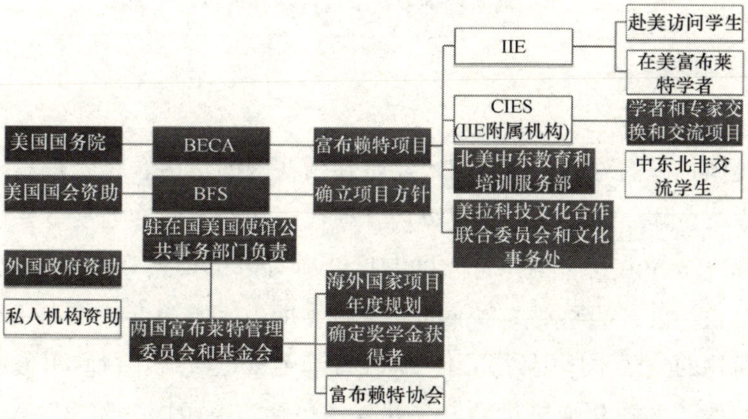

图 2—1　美国国务院主管的富布赖特项目跨国合作管理机制示意图

图片来源：笔者自绘。

图 2—1 和图 2—2 中有填充色的部分为公共部门，无填充色的部分则为基金会、董事会、私有机构或学者个人。从两个示意图中可以看出，无

① 胡文涛：《美国富布赖特项目早期在中国的活动述评》，《学术论坛》2005 年第 7 期，第 179 页。

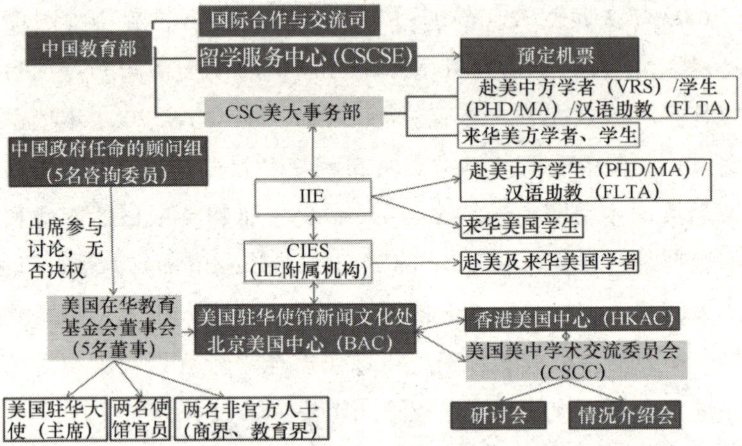

图 2—2　中美富布赖特项目双边合作管理机制示意图

图片来源：笔者自绘。

论是在美国本土的总部管理中枢，还是在驻在国的双边合作管理机构，都有一个立法主体，负责对资助政策、管理程序和择录标准等规范性内容进行审议和决策。由立法主体订立的制度，所有人都要遵守，以实现法治、公平、公正、公开的原则。总部的立法主体即由美国国会成立的 BFS，驻华管理机构的立法主体则为美国在华教育基金会董事会。行政事务则多是以公私合作的方式联合提供的。公共部门包括：美国国务院 BECA、驻在国使馆、两国富布赖特委员会和基金会以及所在国教育部相关部门，私有部门则包括 IIE、CIES、富布赖特协会、私人资助机构和富布赖特学友个人。

CSC 是直属中国教育部的非营利事业法人单位，其资助主要来源于国家留学基金计划的财政专款，同时也接受境内外友好人士、企业、社会团体及其它组织的捐赠、资助，尽管 CSC 由教育部主管，但倡导用法制和经济手段管理出国留学和来华留学事务，因此，其性质可以视为介于公共与私有部门之间的公私混合行为体（public-private hybrid actors）[①]，图中用灰色斜体表示。通过多年与IIE之间的密切合作，在离京培训质量和学友网络建设方面，CSC对富布赖特学友的管理水平不断提高，能够通过充分使用公共部门的财政预算，为项目受益人提供高品质的公益服务，使项目受益人感受到珍视、礼遇和触动。美国在华教育基金会董事会也是由中美两国的官方和非官方人士各5名构成的，因此也可以看成是公私混合行为体，图中用灰色斜体表示。美国美中学术交流委员会（CSCC）是由美国国家科学院、社科研究委员会和美国学术团体委员会共同发起、由美国学术团体委员会管理的学术组织，致力于支持中国的研究和促进中美学术团体间的合作。从这个意义上讲，CSCC应归入非政府组织（NGO），也介于公共和私有之间，图中也用灰色斜体表示。

之所以说富布赖特项目是一个跨国公私合作机制，除了其多国和兼有公私部门构成之外，也符合第一章第四节中提到的公私合作机制的6个特征，即：第一，涉及两个以上公私行为体；第二，有竞争性指标；第三，虽以资助方式呈现，但以彼此对公共事业的热忱和创新激情为可持续合作关系的根基；第四，研究人员提供项目成果，签约各方共担风险和责任；第五，激励学友提供有助于美国与世界各国友好关系这一公益事业所需的创新解决方案；第六，具有风险回报结构。通过各类学友交流活动，项目管理机构能够掌握学友的研究和交流开展情况，提供与绩效相关的激励机制，如邀请优秀学友与新学友分享访学经验的培训会。

正是因为私有机构或个人被赋予了较为充分的自主权限，通过细致的培训，鼓励每一位富布赖特学者成为推动双边交流的文化使者，因此，从富布赖特项目的跨国和双边组织管理结构来看，公共和私有部门的组织数目大体相当，公私部门所能发挥的提升国家影响力的作用基本均衡，形成了良好的互补关系，共同致力于促进政府机构开展公共外交，协助政府达成其外交目标和项目宗旨。

---

① Miriam Schröder, *Local Climate Governance in China: Hybrid Actors and Market Mechanisms*, New York: Palgrave Macmillan, 2012, p. 156.

（二）项目过程管理制度

富布赖特项目可以分为个人申请类和国际合作类。个人申请类又分为美国公民可申报的项目和外国公民可申报的项目。其中，美国公民可申报的项目有：美国讲学者项目、美国资深专家项目、研究合作对象国的美国学者项目和美国学生（应届毕业生和研究生）项目。外国公民可申报的项目有：访问学者项目（VRS）、研修学者项目（PAP）、博士生项目（PHD）、研究生项目（MA）以及英语助教子项目（FLTA）。国际合作类项目设有夏季/冬季美国研究短训班、亚洲驻校学者项目（SIR）和新世纪学者项目（NCS），大多是从合作对象国指定院校中通过提名选拔。

项目过程管理主要分为项目执行中管理、中期监督审计和项目结题验收，通过组织专家审查项目进展报告和结题报告的方式进行。中期监督审计包括财务和学术两类。每年基金会必须向美国联邦政府提交季度性财务报告和年度财务报告。同时，有些基金会要求必须对在一个预算年度内受资助金额达到50万美元的项目申请人进行审计。美国联邦政府要求以12个月为周期提交学术报告，并要求基金会基于这些报告向议会按照《政府成效与成果法案》阐明绩效情况。需要得到某些委员会期限认证的项目也要按其规定周期提交报告才能获得批准。过程监督又包括内部监督和外部监督。内部监督主体是总监察长办公室（Office Inspector General，OIG），专门对其资助的基金项目进行严格监控。总监察长办公室是独立于基金会之外的，其职能是单独监察基金会的项目运作。该监督机构每半年要向议会提交一份总结报告，陈述其基金会的项目绩效情况。总监察长办公室包括调查办公室和审计办公室。调查办公室的主要任务是调查项目执行中可能存在的欺诈、伪造、剽窃等行为；审计办公室的主要任务是对项目申请人进行财政审计以决定对其资助是否合理，并对资助项目的运作进行评审，判断其是否高效、合法。[①] 外

① 戴国庆：《美国联邦政府科研经费监督管理及其启示》，《科研管理》2006年第1期，第17页。

部监督的主体则是美国国会和审计署。美国联邦政府成立了《政府成效与成果法案》绩效评估顾问委员会，大约有20名成员，每位成员都具有非常强的学术能力和丰富的学术、企业管理经验。在基金会进行年度报告审计之前的3—4个月，该委员会成员将与基金会一起工作，以确保掌握准确详细的基金会绩效信息。该委员会每年向联邦政府提交一份总结报告，作为联邦政府对基金会资助政策调整的依据。

每年4—8月，由BAC正式通知教育部本年度秋季和明年春季申请来华学者的名单，并将名单和每位专家的申请材料通过教育部转给CSC。CSC根据美方专家的申请志愿和BAC的要求向项目院校或单位寄发专家申请材料和安置表，征求各单位意见，安排专家前往不同学校任教。如专家第一志愿院校无法接受，在征求BAC的意见后，推荐到下一院校。每年1月和8月，BAC将通知教育部由CSC确定的即将来华任教专家的名单及其举行集训的详细安排，CSC负责通知有关院校派专人参加集训，并在集训后陪同专家返校，开始教学工作。每学年落实的来华专家在20人左右。教育部负责为来华专家开具证明，协助校方为其办理在华任教和长期居留手续。专家任教期间如有问题，可向BAC反映，通过CSC与接待院校商议解决。

中国赴美学者的遴选工作通常由中方根据双方协议人数和学科，按照3∶1的比例差额面试候选人，交由美方组织答辩并最终确定人选。纽约IIE驻北京办事处协助商议在中国大学安排美国学生。每年7—8月，由BAC向教育部正式提出选拔中国赴美项目人员的要求，并将项目申请说明和申请表通过教育部转CSC出国部。CSC根据项目院校名单，要求每所学校推荐1—2名候选人。从2000年起，CSC开始承担项目运作过程中的具体工作，包括遴选、材料初审、提交材料、安排面试和项目录取。推荐工作一般在9—10月完成。[①] 项目面试一般安排在每年的10—11月，由BAC向CSC提供通过初选人员名单，并按专业安排面试，一般为2—3天。面试评

① 美国驻华大使馆教育处：《美国富布赖特项目》，2016年5月30日，http://www.sino-education.org/publish/portal131/tab6578/info126733.htm，2017年3月9日登录。

委会由 3 位美方专家和 3 位中方专家组成。BAC 将确认后的录取人员名单通过教育部转告 CSC，由 CSC 为录取人员准备录取通知和办理出国手续的材料。所有录取人员将按照国家公派留学人员管理办法进行管理。每年的录取比例为 30%—40%。录取学者的签证由 BAC 与教育部留学服务中心（CSCSE）共同负责。机票由学者本人根据其赴美进修行程安排向 CSCSE 预定。CSC 每年组织项目录取学者来京参加项目集训，在华盛顿特区的国际学者交流理事会（CIES）协助吸收美国学者和在美国大学安排中国学者。同时，在纽约的国际教育协会（IIE）协助吸收美国学生和在美国大学安排中国学生，IIE 驻北京办事处则协助商议在中国大学安排美国学生。此外，香港的美国中心（Hong Kong American Center）和美国美中学术交流委员会（CSCC）也协助中美富布赖特项目举办讨论会和情况介绍会。[①]

（三）资助文化互动

1947—1949 年，是富布赖特项目在中国的早期实施阶段。1949 年新中国成立时，由于经费无法得以延续，项目暂告中止。1979 年 1 月，中美两国正式建立外交关系，富布赖特项目得以恢复。1989 年，因中国国内政治风波被迫中断，但 1991 年又恢复了交流，并持续至今。从项目资助的学科分布情况来看（见表 2—1、表 2—2、表 2—3），1996—2009 年，项目资助的学科领域规定仅限人文、社科、管理和法律，2009 年以来，则拓展到 19 个学科。[②] 自然学科占项目资助的比例非常低，体现了美国政府通过富布赖特项目开展公共外交的单向对外特点，希望来华美国学生学者和赴美学生学者都首先从社会科学和人文科学领域中挑选，在学科分布上侧重实用学科、英语教学和美国研究。美国来华人员基本再也看不到像卜德那样以

① 胡礼忠：《富布赖特项目与中美教育交流》，《国际观察》2000 年第 5 期，第 43—48 页。

② 19 个学科具体包括：哲学、理论经济学、应用经济学、法学、政治学、社会学、民族学、教育学、心理学、体育学、外国语言文学、新闻传播学、艺术学、历史学、管理科学与工程、工商管理、农林经济管理、公共管理、图书馆和情报与档案管理。参见历年国家留学基金委遴选中美富布赖特项目出国留学人员的通知。

中国作为研究对象的学者，这反映了其主要目标还是用美国模式来影响中国。[①] 但近年来，这一单向对外的特点逐渐转变为允许和鼓励双向互动。

表 2—1　中美富布赖特项目（1947—1949 年）学科分布情况

文理分类	学科分类	人数	备注
人文社会科学	文学	4	含：中国诗歌、英国文学
	语言学	4	
	公共管理	1	即：行政管理
	人类学	3	
	历史学	6	
	哲学	1	
	社会学	1	即：中国社会思潮
	政治学	2	含：中国政治理论
	艺术	2	含：中国戏剧
	考古学	2	
	宗教	2	
	哲学	1	
	国际关系	1	即：中美关系
自然科学	生物学—昆虫学	1	

数据来源：卢永嘉：《美国富布赖特计划在中国的早期实施（1947—1949）》，苏州大学 2007 年硕士学位论文，第 41 页。

表 2—2　中美富布赖特项目（1978—1989 年）学科分布情况

1979—1989 年在华富布赖特学者的专业分布											
专业	1979	1980	1981	1982	1983	1984	1985	1986	1987	1988	总计
美国文学		2	3	2	4	6	8	7	5	7	44

① 王毓敏：《富布赖特计划初探》，《兰州教育学院学报》2005 年第 2 期，第 25 页。

续表

1979—1989 年在华富布赖特学者的专业分布											
专业	1979	1980	1981	1982	1983	1984	1985	1986	1987	1988	总计
经济学		2		3	5	7	7	3	4	4	35
美国历史		4	4	3	2	1	2	4	2	6	28
法学		1		1	2	2	2	2	6	4	20
语言学	4	1	3	1	1		1	1	1		13
新闻学		1		1	1	1	2	2	1	2	11
政治学				2	2	1	1	1	1	1	9
哲学			2			1	1	1			5

数据来源：谢锦：《富布赖特项目研究——兼以中国为例》，南京师范大学 2015 年硕士学位论文，第 47 页。

表 2—3　中美富布赖特项目（1980—1995 年）学科分布情况

	学科/类别	中方研究生	中方访问学者	中方讲学学者	美方讲学学者	合计
1	美国文学	34	23	1	67	125
2	经济学	39	10	7	40	96
3	美国历史	23	8	1	22	54
4	法律	11	10	3	29	53
5	政治学	20	15	1	14	50
6	传播学与新闻学	3	5	3	16	27
7	托福/实用语言学	4	0	0	21	25
8	工商管理	5	9	0	2	16
9	教育学	10	4	0	1	15
10	人类学与考古学	5	1	0	5	11
11	语言与文学中国	0	0	2	0	2
12	社会学与社会工作	4	2	12	4	22
13	历史中国	0	0	0	0	0
14	哲学	4	1	9	2	16
15	图书馆学	0	6	1	1	8
16	语用学	1	4	0	1	6

续表

	学科/类别	中方研究生	中方访问学者	中方讲学学者	美方讲学学者	合计
17	地理	1	0	1	0	2
18	音乐	0	0	5	2	7
19	戏剧舞蹈	0	0	4	2	6
20	建筑学与城市规划学	1	0	2	0	3
21	环境科学	1	1	2	0	4
22	公共管理	1	2	1	0	4
23	农业	2	0	0	0	2
24	心理学	1	0	0	1	2
25	妇女研究	2	0	0	0	2
26	其他	1	4	0	0	5
总计		173	105	55	230	563

数据来源：胡礼忠：《富布赖特项目与中美教育交流》，《国际观察》2000 年第 5 期，第 47 页。

附：中美富布赖特联合培养博士生项目案例（2007 年起设立）

2011 年 8 月—2012 年 7 月，笔者作为中美富布赖特联合培养博士生赴美国康涅狄格大学政治学系进行了为期 10 个月的访问学习。作为项目受益人，笔者无时无刻不在感受着这一国际教育交流项目带来的变化。从对彼此互不理解，到开始欣赏，再到努力学习，这一过程印证了“化”的力量。

1. 北京行前培训（Beijing Pre-Departure Orientation）

北京行前培训分为中方和美方两部分：中方培训由 CSC 负责；美方培训由 BECA 和美国驻华使馆合办，IIE 驻北京办公室具体执行。主要目的是让新入选的联合培养博士生更加了解富布赖特项目和学友会项目的总体情况、资助政策与流程，使博士生之间彼此认识和交流。

在笔者参加的 2011 年行前培训中，BAC 主任罗梅尔（Keith Lommel）将中美富布赖特项目定位为公共外交实践，强调了传统节日对增进中美友谊的良好作用。他认为，了解出于同情，同情出于了解。

美国使馆校友会事务办公室文化官员雅克宁（Jake Jacanin）介绍了推动富布赖特项目可持续交流的富布赖特校友会项目，并将其界定为专家型公共交流平台。在自我介绍环节，IIE驻京办事处高级项目官员艾博博士（Dr. Janet Upton）让每位博士生以3个问题介绍自己：此行最希望做什么？现在最担心什么？在美期间最想做什么不寻常的事？这本身也是一种交流和启发。事实证明，这种头脑风暴式的奇思妙想在访学过程中很多都实现了。

2. 抵美入门培训（Gateway Orientation）

抵美入门培训项目也是由BECA主办的美国政府国际交流旗舰项目，主要由两部分组成：一是富布赖特人的角色与责任；二是为博士生在美国取得学术和专业成绩进行技能培训。

项目主办方会根据每届博士生即将奔赴访学的大学所在地理位置和相应专业，安排与此对应或关联的培训地点。2011年8月，笔者与41名富布赖特博士生在美国西部俄勒冈州波特兰州立大学（Portland State University）参加抵美入门培训。

项目安排两个不同国家的博士生住在同一个寝室，以便在短暂的时间内彼此了解。培训中安排了关于美国政治与民族的讲座，课外则分组步行到市中心去感受美国的多元餐饮文化。波特兰州立大学的学习中心（Learning Center）主任哈特菲尔德（Lisa Hatfield）将美国的学术文化概括为6个层面，自评和创新被认为是学习的最高要求。波特兰大学跨文化交流学院跨文化评估中心主任卡特莱特（Chris Cartwright）教授和跨文化咨询师亚历山大（Mari Kresge Alexander）女士合作呈现他们多年来关于文化冲突（culture shock）及其解决途径的研究成果。项目主办方还邀请医疗机构（ASPE）和保险公司（Seven Corners）向博士生介绍相关知识。5天的培训任务临近结束时，项目主办方安排博士生搭乘位于海滨公园（Waterfront Park）的“波特兰精神”号游艇（Portland Spirit Boat）在维拉梅特河上巡游观景。最后一天，则安排阿拉伯语、英语、西班牙语和汉语国家的博士生表演与本国文化相关的小品。

3. 进修研讨会（Enrichment Seminar）

2012 年 3 月 1—4 日，笔者参加了在马里兰州巴尔的摩举行的题为“美国政治与选举：行动中的民主”富布赖特进修研讨会，共有 139 名富布赖特人参会。

巴尔的摩市市长布莱克女士（Stephanie Rawlings-Blake）向与会者致欢迎词。研讨会通过模拟美国总统大选，为每位富布赖特人分配角色。笔者的党派归属是独立选民（Independent，其他 4 类分别为：总统候选人、竞选参谋、民意调查员及共和党和民主党成员），人口学身份（demographic identity）是社会保守人士（Social Conservative），他们关注坚守基于犹太教和基督教的美国传统价值观，并在政治和道德方面受其影响。会务组同时对 7 类人口学身份（其他 6 类为：移民、工会、1946—1964 年婴儿潮中出生者、经商者、大学生和社会进步人士）、巴尔的摩选民及其地方市情特点进行介绍。在第二天的议程中，所有参会者选出本党代表，并在模拟初选中现场回答各选区选民关心的问题。在激烈角逐中胜出的 3 名候选人，在模拟大选中再次应对主持人的挑战，最后通过全场投票决定胜者。

会间，以“过渡中的城市：文明变迁与选民偏好”为题，对巴尔的摩以公私合作关系（PPPs）方式推进社会各项事业所取得的成效进行交流和研讨。此外，会务组还安排了社区服务活动。笔者前往的是一家专门收容流浪妇女开展园艺活动的非营利机构。

当晚，由巴尔的摩市民自愿报名参加的家庭招待晚餐（Home Hospirality Evening）活动开始。工作人员预先在多个社区张贴通知，询问是否有居民志愿接待富布赖特青年学者，随后有 40 名市民报名。笔者与俄罗斯、刚果（布）和墨西哥的 3 位博士生共同结识了儿童自闭症医生克拉布特里（Lisa Crabtree）女士。面对面的交流给人留下了深刻的印象。

此外，参观美国国歌《星条旗永不落》诞生地麦克亨利堡，也使参会者对美利坚民族历史更为了解。

富布赖特学友会成为联系富布赖特成员的网络平台，给予项目参与者一份荣誉、一种身份和一种责任。富布赖特项目重视受益人的使命感与荣誉感，赋予“富布赖特人”（Fulbrighters）派出国文化大使（cultural ambassadors）的殊荣。作为世界著名的国际教育交流项目，富布赖特项目的一大特点，是其力求构建的与合作国项目受益人之间的民间互动式感化关系。尽管是政府间项目，但它并没有太多强制，而是在切实的社会实践和生活体验中进行自主性的观念和文化互动。对于中美富布赖特联合培养博士生项目而言，其最大的亮点在于中美跨文化比较的内容。

中美文化中都有诠释感化力量的元素。与美国的白人盎格鲁—撒克逊基督新教（WASP）文化相似，中国儒释道多元融合的文化所体现的大一统思想，也是富有宗教精神的信仰体系。基督教中耶稣所代表的唯一真神，是带领人类摆脱兽性、追求真善美的方向指引，它的唯一性使其缺乏普适的包容感。中国的多元文化融合思想，则是将阴阳、正反等看似不可融合的“极”极富胆识地“化”而为一，在二元互动中实现各自的进化，但可能会缺乏追求卓越的共识。中美文化具有高度互补性，而中美富布赖特项目充分地感知到这种互补，并潜移默化地促成双方的互动式学习。

2012 年 5 月，笔者在参加指导教授波义尔（Mark Boyer）组织的气候治理研讨会期间，结识了跨学科“和平小组”（Peace Group）项目负责人、物理系教授拉维彻（George H. Rawitscher），该项目的宗旨是通过文化交流推进与国际和平相关的科学研究。他得知笔者是富布赖特学友时，向我推荐了纽约州立大学李安（Ann Lee）教授的《美国人要向中国学什么：一种将对手当做良师的开明心态》一书。笔者读后，将自己对中美文化“非零和”、“共赢”与“互补”的理解与他家庭聚会上的学者分享，得到了积极回应。

在全球化影响无处不在的今天，民间外交与国家外交之间的互补性，有助于弥合民众多元价值观与国家外交决策之间的矛盾。正如富布赖特本人所说，这是一个低调的项目，但有着不低调的目标，通过国际教育交流使政权比过去更加文明和理性，是其最卓越的成就。而这一成就的源泉，就在于政府与民众共同挖掘如何使双方彼此吸引、彼此欣赏的智慧。这种智慧可以称之为“在一起”的智慧。

（该案例原载《公共外交季刊》2013 年秋季号第 2 期）

第三节　美国公私研究型大学的科研创新特点

随着国家综合国力的提升和建设世界一流大学目标的确定，建设高水平研究型大学已成为中国大学发展的趋势。美国研究型大学留学生教育体系，特别是其本科教育观、奖学金制度、多元教学法、人性化管理和现代化信息系统，是吸引更多优秀留学生、改善学科学历结构、推动高校国际化、提高知识创新力和教育管理水平的切入点。

美国研究型大学的创立与首批留德学生推动的高等教育改革密不可分。19 世纪中叶，在借鉴德国新型教育方法和办学模式后，通过分组制、讲座制、习明纳和图书馆建设，美国的研究型大学得到长足进步。在国际化的深入实践中，美国大学逐渐认识到留学生培养的重要性，将其作为大学教育水平的综合体现。从美国公私研究型大学的发展历程来看，富有前瞻性的本科教育观、开明的人事管理体制、多元的教学方法和雄厚的科研激励机制，可以从根本上检验一所研究型大学的教育水平。本节以约翰·霍普金斯大学（John Hopkins University）为私立研究型大学代表、以康涅狄格大学为公立研究型大学代表，力求验证以上观点。

如果说以霍普金斯大学为代表的私立研究型大学是美国留学生“走出

去”之后为其祖国带回的一笔知识财富，那么州级公立研究型大学则是美国现代研究型大学在“引进来”思路下向世界开放，通过国际化、标准化、信息化、多元化、人性化办学理念，推动大学教育不断完善的典范。

一、私立研究型大学：教育改革的先锋

20世纪70年代初，美国加州伯克利大学首任校监（chancellor，校务会议主席）、经济学教授克拉克·科尔（Clark Kerr）带领美国卡内基高等教育委员会（Carnegie Commission on Higher Education）研究发布了高等教育机构分类法，在卡内基基金会1971年的报告中首次使用，并于1973年正式发布。到2005年，此分类法共经历了五次修订，被统称为“美国卡内基高等教育机构基本分类”。其中，博士学位授予量、项目研发经费、学科分布情况和科研活动质量，是衡量研究型大学的重要指标。

1876年，以科研和研究生教育为主的美国第一所现代研究型大学——约翰·霍普金斯大学诞生。在霍普金斯大学的影响和示范作用下，美国研究型大学群产生。从借鉴英国模式到转向德国模式，美国高等教育改革经历了近两个世纪。

美国高校之所以能够从侧重保存和传授已有知识的本科教育，发展为重视探索人类未知世界的研究型大学，与其19世纪的高等教育改革密不可分，而这又可以从两方面得以解释：一是联邦确立了有利于学术自由的立法精神；二是美国派往德国的首批留学生带回其国内的先进教育理念。

（一）立法基础：达特茅斯学院案

1865年前的美国为开发新大陆，几乎无暇顾及高等教育，虽然由英国殖民者设立的9所私立教派学院在高等教育改革方面进行了一定探索，但

其职能主要还是保存和传授已有知识。[①] 1819 年，教派私立学院达特茅斯学院（Dartmouth College）在其应被界定为“公立”还是“私立”性质的诉讼案中，[②] 确立了私立学院不受政府意见变化或政党兴衰左右的先例，保证了其独立、自治和学术自由，从而较好地实现了私立大学的教育职能，推动了其良性发展。

达特茅斯学院于 1769 年由耶鲁学院毕业生、慈善家以利亚撒·维罗克（Eleazar Whee-lock）创办。学院拥有英国王室颁发的办学特许状，是典型的教派私立学院。在殖民地时期，学院仿照耶鲁学院和新泽西学院的管理方式，由地方董事会任免校长、教授和管理人员。当时任校长的是以利亚撒本人。1779 年，以利亚撒去世，按照他的遗嘱，其子约翰·维罗克（John Whee-lock）继任校长。在管理学院的方式上，约翰与董事会产生了矛盾。1815 年 8 月，董事会断然通过决定，解聘约翰的校长、教授、董事三职，并推举出新校长。[③]

该案的另一个诱因是党派之争。在新罕布什尔州，联邦党长期占主导地位。1816 年春，民主共和党在该州获胜。原为联邦党成员的约翰倒向民主共和党，希望新政府为他恢复校长职位。在新任民主共和党州长普鲁姆（William Plumer）和民主共和党总统杰斐逊（Thomas Jefferson）的支持下，州议会通过决议：（1）将达特茅斯学院确立为州立的达特茅斯大学。（2）改组学院董事会，并由州长和议会指派新董事；设立由各党派和社会名流

---

① 这 9 所学院分别为：哈佛学院（1636 年成立，现哈佛大学，宗教派别：加尔文派，Calvinism）；威廉·玛丽学院（1693 年成立，宗教派别：圣公会，the Church of England）；耶鲁学院（1701 年成立，现耶鲁大学，宗教派别：公理会，Congregational Church）；新泽西学院（1746 年成立，现普林斯顿大学，宗教派别：长老会，Presbyterian Church）；国王学院（1754 年成立，现哥伦比亚大学，宗教派别：圣公会）；费城学院（1755 年成立，现宾夕法尼亚大学，宗教派别：无）；罗德岛学院（1764 年成立，现布朗大学，宗教派别：浸礼会，Baptist Churches）；皇后学院（1766 年成立，现拉特格斯大学，所属教会：归正会，Reformed Church in America）；达特茅斯学院（1769 年成立，所属教会：公理会）。参见：Harry Gehman Good，James David Teller，*A History of American Education*，New York：MacMillan，1968，p. 61。

② U. S. Supreme Court，Dartmouth College v. Woodward，17 U. S. 518 （1819），http://supreme. justia. com/cases/federal/us/17/518/case. html，［2017 - 03 - 06］.

③ 杨捷：《19 世纪美国达特茅斯学院案及其影响》，《河南大学学报（社会科学版）》2000 年第 40 卷第 5 期，第 41 页。

组成的校监事会，有权否决董事会决定。(3) 聘请约翰担任达特茅斯大学校长，定期向州长汇报学校发展状况。①

该决议遭到原学院董事会的反对。1817 年 2 月，董事会上诉至州地方法院。9 月，州地方法院判决董事会败诉，重申达特茅斯学院属于社会公共机构，其组成人员皆为像州政府官员一样的公务员，受州议会监督，英王特许状不具备契约效力。董事会不服，再次上诉到联邦最高法院。

1818 年 3 月，美国联邦最高法院正式受理此案。达特茅斯学院毕业生、辩护律师韦伯斯特（Daniel Webster）为学院的私人团体性质及英王特许状作为法律契约所赋予其的权利进行了有力辩护，并认定新罕布什尔州议会将达特茅斯学院转变成公共机构的处理显然构成了财产权和管理权的侵占。马歇尔大法官（John Marshall）做出达特茅斯学院获胜的判决，并对法人权利的永久性和个体性做出经典论证。

为了防止私人团体的权利被滥用，斯托里大法官（Joseph Story）做了必要的保留，提出立法机关可以在法人的特许状中保留自己的权利，用以控制或摧毁某个法人的固有合法权利。②

（二）留学德国：大学创新的起点

19 世纪上半叶，美国的学院大多只具备欧洲古典中学的教育水平。③ 20—70 年代，本科教育仍处于美国学院教学的支配地位，研究生教育尚处于萌芽阶段——研究生院只是作为本科学习附属的学士后课程教育。④ 获得学士学位后两年，通过结业考试，提交一篇证明已掌握所学课程的论

---

① 杨捷：《19 世纪美国达特茅斯学院案及其影响》，《河南大学学报（社会科学版）》2000 年第 40 卷第 5 期，第 42 页。

② 任东来：《第五章 契约神圣原则与大学自治传统——达特茅斯学院诉伍德沃德案(1819)》，任东来、陈伟、白雪峰等著：《美国宪政历程：影响美国的 25 个司法大案》，中国法制出版社 2004 年版，第 45—57 页。

③ John S. Brubacher, Willis Rudy, *Higher Education in Transition: A History of American Colleges and Universities, 1636—1976*, New York: Harper & Row Publishers, 1976, p. 176.

④ 符娟明等主编：《国外研究生教育》，人民教育出版社 1997 年版，第 74 页。

文，即可获得硕士学位。[①] 可见，硕士学位是作为荣誉学位被授予的。1860 年，耶鲁大学设立的哲学博士学位是美国第一个博士学位计划。1861—1865 年南北战争时期，全国开设研究生课程的学校不足十所，全国研究生总数不足六百人，取得博士学位的不到六名。[②]

南北战争成为美国现代化的起点，经济发展对高等教育提出了新要求。然而，政教分离和教派争夺使美国难以创办国立大学，加之长期以来借鉴英国模式，其陈腐的经院气息、陈旧的课程内容、机械的教学方法和有限的教育规模，都无法满足时代要求。而此时的德国，在世界科学界及其科学人才培养中占绝对优势，这主要归功于将教学和研究相结合的近代大学模式及实践。[③] 德国大学的成就引起了美国人的极大兴趣。就在这一时期，美国社会各界逐渐意识到，创建以德国大学模式为基础的美国研究型大学的时机已成熟。于是，一批综合性大学和德国式研究型大学应运而生。[④] 美国学子留学德国、德国教师任教美国，这种人员流动传播着德国大学的思想，成为现代文化史上的重要事件之一。[⑤]

1. 本科教育观的转变

学术自由的原则是德国大学制度的核心，指教师与学生不受法律、学校各种规定的限制或公众压力的不当干扰而进行讲课、学习、探求知识及研究的自由。最初体现学术自由精神的是 1088 年建立的意大利博洛尼亚大学（University of Bologna，UNIBO）在 1155 年确立的“不能剥夺任何外来学者享受教育优先权”的学术章程。当时的学术自由是指学者有权在其研

---

① 王英：《美国研究型大学早期发展研究——以约翰·霍普金斯大学的创建为中心》，河北大学 2006 年博士学位论文，第 22 页。

② 王廷芳主编：《美国高等教育史》，福建教育出版社 1995 年版，第 172 页。

③ 陈洪捷著：《德国古典大学观及其对中国大学的影响》，北京大学出版社 2002 年版，第 1—4 页。

④ G. Kerry Smith，*Twenty Five Years*：*1945—1970*，CA：Jossey-Bass Inc. Publishers，1970，p. 148.

⑤ John S. Brubacher，Willis Rudy，*Higher Education in Transition*：*An American History*，*1636—1976*，New York：Harper & Row Publishers，1976，p. 166.

究领域内按照他们认为正确的传统和法则，自由地进行知识探索和学术研究。[①] 1694 年，德国哈勒大学（Martin-Luther-Universität Halle-Wittenberg, MLU）进一步将大学学术自由发展为包括"教学自由"和"学习自由"两层含义的高等教育理念，在德语中这两个词分别为"Lehrfreiheit"和"Lernfreiheit"。1806 年耶拿战役后，拿破仑率领的法军占领并关闭了曾作为抵抗运动中心的哈勒大学，并在 1807 年将其并入威斯特伐利亚王国。哈勒大学法学教授施马尔茨（H. Schmals）请求腓特烈·威廉三世国王在柏林重建哈勒大学，国王同意了这一要求，并于 1810 年创办了柏林大学，[②] 秉承学术自由的理念并使之发扬光大。随着德国大学在美国影响的扩大，学术自由思想在 19 世纪逐渐在美国大学中传播开来。[③]

首批留德学子将所学带回哈佛学院，丰富了美国高等教育思想。其中，美国研究生教育"大学化运动"时期最具代表性的人物之一丹尼尔·吉尔曼（Daniel Coit Gilman），成为霍普金斯大学的第一任校长，对这一美国研究型大学的创办产生了重要影响。吉尔曼就任霍普金斯大学校长时，明确指出要建设一所与众不同的大学，而不是学院。正是在这种超越于当时普通高等教育理念的指导下，吉尔曼采用了独特的发展战略，如建立美国第一所研究生院、实行本科教学的分组制、旨在加强师资力量的客座讲授制、设立奖学金等，使霍普金斯大学成为美国第一所真正意义上的现代大学，并产生了世界性的巨大影响。[④] 吉尔曼认为，本科教育的目的是为研究生院输送优秀人才，真正的大学应以科研和创新型学生的学术成就作为自己的目标和特征，重视科研而不是传授已有知识，使学生能够在教授

---

① Hilde de Ridder-Symoens, ed., *A History of the University in Europe* (*Vol. 1: Universities in the Middle Ages*), Cambridge, U.K.: Cambridge University Press, 2003, pp. 4-34; Pearl Kibre, *Scholarly Privileges in the Middle Ages: the Rights, Privileges, and Immunities of Scholars and Universities at Bologna, Padua, Paris, and Oxford*, Boston: Mediaeval Academy of America, 1962.

② 邢路路：《德国现代大学——柏林大学的创建》，《读写算：教育教学研究》，2013 年第 32 期，第 349—350 页。

③ 王英：《美国研究型大学早期发展研究——以约翰·霍普金斯大学的创建为中心》，河北大学 2006 年博士学位论文，第 42 页。

④ 贺国庆著：《外国教育专题研究文集》，河北大学出版社 2001 年版，第 142 页。

的指导下从事高级研究。大学的教学和研究是互补的，学术研究可以造就更好的教师，教学可以造就更好的研究者。①

2. 人事管理制度改革

尽管充分借鉴了德国模式，但美国大学并没有完全照搬，而是结合美国的政治经济环境和历史文化传统，建立了具有美国特色的高等教育制度。正如科尔所说，现代的美国大学，并非牛津，也非柏林，而是世界上一种新型制度。它既不是私有的，也不是真正公共的，而是卓然独立的。②因此，兼具公私属性的霍普金斯大学特别是其在教师管理和引进人才方面做出了大胆尝试，为全美所有大学树立了标杆和典范。

霍普金斯大学将教师分为固定教授、限时教师、副教授和助教。固定教授是在某些学科研究中成就斐然、享有盛誉的学者，他们能推动学科发展、激励青年人从事学习和研究，负责指导和管理学生，对大学组建和青年的品格有重要影响力。限时教师不参与学校管理，但在尚未设立教授的专业上发挥所长。副教授和助教任职1—5年，能力强、有培养前途的年轻人将充实到固定教授的队伍中来。③

“走出去”的留学生为美德大学之间建立了国际合作关系，从而使校际之间的学生和教师交流成为可能。由于实行了开明先进的人事制度改革，在1876年至1884年的8年间，霍普金斯大学共任命了53名教师，其中绝大多数曾留学德国，有13人获得过德国大学的博士学位。④ 吉尔曼的用人观念不拘一格，只要在某一领域有突出成果，他就会聘请其为教师，给予优厚的待遇。德国学者在美任教，不仅将具体学科知识引入美国，也使学术自由思想深入人心：教师可自由地选择教学方法，学生可自由地选

---

① Hugh Hawkins, *Pioneer*: *A History of the Johns Hopkins University*, *1874—1889*, Ithaca, NY: Cornell University Press, 1960, pp. 63 - 65.

② ［美］克拉克·科尔著，陈学飞等译：《大学的功用》，江西教育出版社1994年版，第1页。

③ Cordasco Francesco, *Daniel Coit Gilman and the Protean Ph. D.*: *The Shaping of American Graduate EducationI*, Leiden: E. J. Brill, 1960, p. 66.

④ 贺国庆著：《德国和美国大学发达史》，人民教育出版社1998年版，第140页。

择课程，启发引导式的学术创新理念与实践贯穿在课堂教学当中。于是，与德国学术自由思想一脉相承的教学法进入美国高等教育实践。

3. 引进多元教学方法

与原有的英国模式和本科为主的教学体制相对应的，是以传授已有知识为目标的授课方法，考察的是学生对教师课堂教授内容的"知其然"和概念层次的"知其所以然"程度。实际上，这还只是停留在教育目标的最初层次。根据布卢姆（Benjamin S. Bloom）的教育目标分类学，教育目标应当根据认知水平差异分为知识（knowledge）、领会（comprehension）、应用（application）、分析（analysis）、综合（synthesis）与评价（evaluation）6个层次。① 教育的终极目标，是关注学生最充分的发展，寻求促使个体学习达到可能的最高程度，培养学生的批判性思维和问题解决能力，而自我评估则是独立人格完善的标志。② 因此，大学应力求使学生掌握自我学习和评估能力，而新的教学法则应为这一目标而创设。霍普金斯大学在借鉴德国大学的同时，创立了一些新式的教学方法，取得了显著效果。

（1）分组制：在兴趣与通识之间

在课程设置方面，美国高校曾经做过一些革新。1869年担任哈佛大学校长的艾略特（Charles William Eliot）在必修课基础上推行了自由选修制，允许学生按照各自进度修习专门学科课程。19世纪末，几乎所有的美国高校都不同程度地采用了自由选修制，然而这一教学机制的弊端却逐渐暴露。过分的自由选修会使学生完全依照个人兴趣选修课程，可能会出现过于散乱、任意、简单的情况，从而弱化了学习通识知识的意识和动力。哈佛大学于1903年对选修制的推行效果进行调查，发现教育质量在一定程度上出现了下滑。

1910年，哈佛大学校长洛厄尔（Abbott Lawrence Lowell）对自由选修

---

① Benjamin S. Bloom，J. Thomas and George S. Madaus，*Handbook on Formative and Summative Evaluation of Student Learning*，New York：McGraw-Hill，1971.

② 布卢姆：《第一章 教育目标分类学编制与运用的回顾》，安德森·索斯尼克主编，谭晓玉、袁文辉等译：《布卢姆教育目标分类学：40年的回顾》，华东师范大学出版社1998年版，第1—2、18页。

制进行了修订和完善，1914 年全面实行了“集中与分配制”，对学生的选课加以限制，以加深学生在主修领域知识的深度，纠正自由选修制造成的知识凌乱和肤浅。[①] 然而，集中分配制仍存在一些问题。1933 年，化学家科南特（James Bryant Conant）出任哈佛大学校长，他成立了专门委员会研究课程改革，经过 5 年的研究，正式推出了通识教育制度，形成了哈佛大学以通识教育为基础、集中和分配为指导的自由选修制。

在采用课程表和取消课程表之间，霍普金斯大学创立了一个折衷的办法——分组制（group system），[②] 目的是对本科生进行更早的、力度更大的专业培养，以满足研究生阶段的专业化要求。本科生（无论文理）可以选择不同的学习小组，将语言、哲学、化学、物理作为获得学位的必有知识，使学生在广博知识的思路指导下，将分组制与原有的必修课和选修课有机地结合起来，从而为未来从事更深入的研究奠定坚实的学理基础。分组制为本科生创造了一种跨学科和跨学龄的多元学习氛围，使来到大学接受教育的主体能够感受源自不同特征人群的竞争压力或合作动力。[③] 可以说，分组制将兴趣与通识有机地结合起来，是一种成功的中庸之举。

（2）讲座制：灵活引进外来专家

讲座制又称“客座讲授制”，是聘请校外学者来校定期或不定期讲课或指导学生的制度。这是一种“实践导向”式教学法，其目的是为听者提

---

① 《外国教育丛书》编辑组编：《高等教育的发展与改革》，人民教育出版社 1984 年版，第 105 页。

② Hawkins Hugh, *Pioneer: A History of the Johns Hopkins University, 1874—1889*, Ithaca, NY: Cornell University Press, 1960, p. 248.

③ 包括 7 种本科阶段的学习组合，通过其中任何一种方式都可获得学士学位。1. 愿意学习文科的学生，熟练掌握希腊语和拉丁语，附加现代语言学、哲学和任意一门理科课程。2. 对医学感兴趣的学生，熟练掌握生物学以及化学或物理学，附加化学或物理、现代语言学和哲学。3. 对与工程学、天文学教学有关的数学研究感兴趣的学生，熟练掌握数学、物理，附加现代语言学、哲学以及化学。4. 还没有选择专业、只是想在理科接受教育的学生，熟练掌握数学以及下面学科中的一种：化学、物理或者生物学，附加现代语言学、哲学。5. 爱好神学的学生，熟练掌握希腊语及希伯来语，附加哲学以及两门理科课程。6. 学习法律的学生，与第一种课程安排的要求相同只是用哲学和历史代替希腊语，且需修两门而不是一门理科课程。7. 热衷于文学的学生，熟练掌握现代语言学和哲学，附加拉丁语和其他两门科目。Abraham Flexner, *Daniel Coit Gilman: Creator of the American Type of University*, California: Harcount, 1946, p. 81。

2.1万册，且保留了中世纪流传下来的如同“收藏宝藏”那样收藏书籍的原始藏书方法，书籍使用率非常低。① 18世纪末时，德国大学的图书馆之宏大，使得美国大学的图书馆相比之下更像是小书房。② 19世纪70年代，美国图书馆专家杜威（Melvil Dewey）和温莎（Justin Winsor）倡导新的大学图书馆思想，他们认为，书籍只有在被使用时才是最有价值的。以往的图书管理员只由教辅人员担任，后来才成为一种技术化和专业化的职业。不久，美国建立了经改进的图书分类法和开架借书制度，大学的图书馆得以重新组织，并与大学的科学研究结合在一起，为提高大学的科研水平提供了物质基础。③

在德国大学的影响下，美国大学图书馆逐渐得到改进：一方面图书馆的政策更加自由，另一方面藏书数量成倍增加。此时，图书馆已成为人们获取知识的场所和大学进步的重要标志。

二、公立研究型大学：公共服务的阵地

作为美国教育改革的先锋，私立研究型大学为美国高校的飞速发展奠定了坚实的基础，并为其他高校的发展确定了可参照的标杆。尽管州级公立大学的办学主体和实际管理者是州政府，但州政府与州立大学之间并不是垂直关系，而是协调关系，这使公立大学总能在自律与他律、自治与问责之间获得适宜的生存环境和发展空间。④

在美国历史上，私立研究型大学在很长一段时间内，无论是办学水平、学术声誉还是社会影响，都遥遥领先于公立大学。直到1950年，公私

① 贺国庆著：《德国和美国大学发达史》，人民教育出版社1998年版，第164页。

② Charls Franklin Thwing, *The American and the German University: One Hundred Years of History*, New York: The Macmillan Company, 1928, p. 130.

③ 王英：《美国研究型大学早期发展研究——以约翰·霍普金斯大学的创建为中心》，河北大学2006年博士学位论文，第28页。

④ 谷贤林：《在自治与问责之间：美国公立研究型大学与州政府的关系》，《比较教育研究》2007年第10期，第41页。

大学才在校生规模上平分秋色。[①] 但在教学与科研水平方面，公立大学仍远远落后于私立大学。因此，美国公立大学的发展实际上是一个学习和追赶私立大学的进程，这不仅体现在办学模式上，还体现在管理权的设置方面。州政府控制着公立院校的预算，因此对州立大学拥有绝对的否决权。

然而，州立大学并没有完全采用公共部门问责制（public accountability），而是以“自我否定条例”（self-denying ordinance）的形式主动限权，将财产、资金、契约、人事等管理权交给作为公共法人（public corporation）的董事会，[②] 或是在州立大学的分校层次上创立不受州政府干涉的自治和自由。[③] 这些管理方式和机制安排，使州立大学充分享有了像私立大学那样的学术自治能力。

尽管如此，州立大学的资助来源和服务对象较私立大学而言，的确与州政府的联系更为密切。这并不表明公立大学的国际化或创新性会受到抑制，恰恰相反，还使得州级公立研究型大学的研究对象更为具体、研究思路更易拓展、田野调查更为便利、数据搜集更为及时。

（一）立法基础：赠地学院的兴盛原因

州级公立大学的发展与《西北法令》、1862 年《莫雷尔法案》、1887 年《赫奇法案》以及 1890 年第二项《莫雷尔法案》这 4 部美国高等教育史上的立法联系紧密。

《西北法令》（*the Northwest Ordinance/Ordinances of 1784, 1785, and 1787*）[④] 是美国最早的高校赠地法令，它使宾夕法尼亚州以西、俄亥俄河

---

① Algo D. Henderson, et al., *Higher Education in America*, CA: Jossey—Bass Publishers, 1975, p. 219.

② ［英］迈克尔·夏托克著，王义端译：《高等教育的结构和管理》，华东师范大学出版社 1987 年版，第 77 页。

③ ［荷］弗兰斯·范富格特著，王承绪译：《国际高等教育政策比较研究》，浙江教育出版社 2001 年版，第 98 页。

④ Douglass C. North, Andrew R. Rutten, “The Northwest Ordinance in Historical Perspective”, in David C. Klingaman, Richard K. Vedder, eds., *Essays on The Economy of the Old Northwest*, Athens: Ohio University Press, 2011, pp. 5 –22.

那、密歇根、明尼苏达、密苏里、蒙大拿、北达科他、犹他和俄克拉荷马则给予州立大学管理机构不受限制的经营和控制权。[①]

第三类州立大学是根据宪法建立的，但其管理权受州立法机构制定的与高等教育有关的法律制约，因此是前二者的结合。如科罗拉多、新墨西哥、亚利桑那、密西西比、阿拉斯加和夏威夷的州立大学。

与私立大学不同的是，受到州政府影响的公立大学不得不在学术自治与公共资助二者之间进行均衡和协调。许多公立研究型大学，如弗吉尼亚大学、密歇根大学、威斯康星大学麦迪逊分校，现已被认为是“州政府资助”（state-assisted）而非“州立”（state-supported）大学。[②] 也就是说，除经费资助外，这些大学与州政府之间基本上是相互独立的。而判断均衡与协调效果的准绳，则是能否达到甚至超越私立研究型大学确立的办学标准。[③]

公立研究型大学之所以具备后发优势，与其兼具学术自由和州政府公共支持的双重特点是密不可分的。1818 年的达特茅斯学院案为大学争取到的是荡气回肠的自由之“私”，而 18—19 世纪陆续确立的赠地学院立法和大学管理制度为大学赋予的则是教育之“公”。大学作为提高人格品质的象牙塔和完善公共服务的梦工厂，其创新性知识产品是被赋予知识产权的私有物品，但更是一种全社会和全世界可以分享的公益。

美国的两类研究型大学实际上正在走向一种融合：私立研究型大学的公共服务职能日益强化，公立研究型大学的创新势头也在不断加强。正是因为这个目标能够兼而有之，美国的高等教育才对国外学生具有强大的吸引力，美国大学整体水平的提高及其国际化教育理念在留学生教育中的平等贯彻，才使得其留学生教育与本国学生教育并无二致。这与其英语学习

---

① 谷贤林：《在自治与问责之间：美国公立研究型大学与州政府的关系》，《比较教育研究》2007 年第 10 期，第 42 页。

② David J. Weerts, *State Governments and Research Universities*, New York: Routledge Falmer, 2002, pp. 3, 84.

③ Philip G. Altbach, R. O. Berdahl, *Higher Education in American Society*, New York: Prometheus Books, 1987, pp. 202 - 203, 44, 203.

环境有关，但更重要的成功要素是：以私立研究型大学创立的先进教学方法和大学教育理念作为“最佳实践”在全美大学中进行的标准化。

1900年，美国大学协会（The Association of American University，AAU）成立，密歇根大学、威斯康星大学被列为美国大学协会的首批会员。1920年，美国取代德国跃居世界科学中心的位置。1997年，英国、澳大利亚、加拿大、中国、新加坡、日本、荷兰、美国、爱尔兰、印度、瑞典、新西兰、墨西哥13国在高等教育标准的共识基础上，成立了国际大学协会（Universitas 21，以下简称“U21”），是这种研究型大学国际标准化推广的大胆尝试。①

三、美国康涅狄格大学：公立研究型大学的启示

2011—2012年，笔者作为中美富布赖特联合培养博士生赴美国康涅狄格大学（以下简称“康大”）政治学系进行了为期10个月的进修学习。

康大是在康涅狄格州1881年成立的赠地学院（原名为“斯托斯农学院”），1939年更名为康涅狄格大学，是卡内基高等教育委员会指定的I类研究型公立大学之一。其拥有8个本科学位授予点、12个研究生学位授予点、101个本科专业、80个研究方向，2.8万名学生（近8000名研究生）分布在6个校区中。康大连续9年被评为新英格兰地区最好的公立研究型大学，被研究高等教育的学者认为是“公立版的常青藤名校”。康大发起创立的新英格兰科教走廊（Knowledge Corridor），是哈特福德（Hartford）—春田（Springfield）大都市区重要的经贸文化合作机构。

---

① U21是一个由世界上17所优秀研究型大学组成的国际高校联合体，目前已发展到24所，分别为：英国的伯明翰大学、爱丁堡大学、格拉斯哥大学、诺丁汉大学；澳大利亚的墨尔本大学、新南威尔士大学、昆士兰大学；加拿大的英属哥伦比亚大学、麦吉尔大学；中国的香港大学、复旦大学、上海交通大学；新加坡的新加坡国立大学；日本的早稻田大学；荷兰的阿姆斯特丹大学；美国的弗吉尼亚大学、康涅狄格大学；爱尔兰的都柏林大学；印度的德里大学；瑞典的隆德大学；新西兰的奥克兰大学；墨西哥的蒙特雷大学；韩国的高丽大学；智利的天主教大学。这一高校联盟的建立旨在进一步提高成员学校的教育、科研和学术水平；加强成员高校的国际交往能力，并在成员高校间建立国际性共同标准和国际共识。其总部位于新加坡。

康大的教育体制有以下几个特点：首先，雄厚的经济基础和优越的财政资助是其吸引各国留学生前来求学的重要因素。康大除了受康州政府资助以外，还受到杰克·肯特库克基金会、富布赖特纪念基金教师计划、美国宇航局城市和农村社区活动补助金、可口可乐基金会、ASCAP 音乐基金会的持续赠款，联邦和州层面的科研项目资助对康大的重点学科（如教育学、管理学、环境工程等）起到了很重要的促进作用。2011 年新任校长苏珊·赫布斯特（Susan Herbst）在上任之初就承诺将在任职期间为康大筹集资金 3 亿—10 亿美元，并将加大对人文与社会科学学科的资助。①

其次，跨学科的学术氛围使博士、硕士研究生和本科生在包容性的课程体系中得到综合提高，课堂教学同等对待不同年龄段、不同专业、不同种族的学生，增加了课堂讨论的差异性和多元性。各系在每周固定时间组织的专题习明纳很多时候是相互邀请专家举办讲座，比如政治学系和教育学系、心理学系之间就有常规性的跨学科讲座。政治学系内部也有自己的午餐研讨会（Brown Bag）每周五下午在固定的教室举行有学术进展的博士生、青年教师以沙龙的形式进行交流。

康大的学生守则中有这样一句话："我们从不直接教育，而是通过环境间接影响。有目的地创造环境和随遇而安，有根本不同。"② 康大有 300 个学生自发组织的俱乐部，有些是受到系内资助的，如笔者参加的"野生动物与森林俱乐部"（Wildlife and Forest Club），每周带会员深入森林，观察野生动物（如狼、猫头鹰、鹿、羊等）的洞穴，学习如何制作枫浆、雕刻南瓜等。俱乐部的组织者往往是年龄在 18—19 岁的本科生，他们的尽职尽责和创新思维充分体现了对生活的热爱和学以致用的思维方式。学生与环境之间的内外因素互动，是康大教育的精髓。最有特色的是康大动物学系的教学和实验场所——冰淇淋店（Diary Bar），动物学系的学生首先在

① Kathleen Megan, "Uconn President Susan Herbst: $1 Billion Endowment Someday", *The Hartford Courant*, July 11, 2011, http://articles.courant.com/2011-07-11/news/hc-uconn-endowment-0712-20110711_1_uconn-president-susan-herbst-state-university-jarvis, [2017-03-06].

② John Dewey, *How We Think*, Boston: D. C. Heath & Co., 1933, p. 22.

牛群中挤出牛奶，再经复杂的消毒和制作工序，做出美味的冰淇淋，然后向校内外顾客出售。这种将教学、科研和生产有机结合在一起的“经营式”教育理念，使得 Diary Bar 的年收入可以达到百万美元。

第三，化解文化冲突的培训活动丰富多彩。2012 年秋，在康大 3 万新生当中，本科和研究生层次的留学生所占比重分别为 3% 和 18%。[1] 尽管这个比例还不算很高，但近年来留学生的比重已经随着康大的国际化进程飞速提升。为了让各国留学生熟悉康大，国际服务与项目办公室（DISP）在每年的 8 月面向所有留学生组织新生入校培训。DISP 主任罗伯特·许迪（Robert Chudy）认为，每一种文化都像是一种花朵，单一文化显得单调，多元文化才构成了绚丽多姿的花园。花园里的每一种文化，在与其他文化交融的过程中，总会遭遇文化冲击（culture shock）。他用柏拉图《理想国》第七章中“柏拉图的洞穴”（Plato’s Cave）来比喻文化冲击。柏拉图描述了这样一个场景：在一个黑暗的洞穴中，一生下来就住在洞穴里的人手脚被绑着，身体和头都不能动，他们眼前是洞壁，背后是一个过台，过台背后是火光，火光把过台上人来人往的活动投影到洞壁上，洞穴里的人便以为洞壁上晃动的影像是全部世界。[2] 留学生从自己长期居住的国度远涉重洋来到异域他乡，必然会感到文化差异所带来的“冲击”。

应对这种冲击需要一个文化习得的过程，DISP 就是这个过程的协调者。他们组织康大教师进行研讨，推出多元文化教学研究方法项目，以讨论会的方式，邀请来自不同国家的留学生、访问学者和本校教师及学生进行交流，从而减少师生对差异文化的抵触心理，从“教”和“学”两方面共同促进课堂教学的顺利进行和教学效果的提高。留学女生活动小组（Women Group）则把女性留学人员组织起来，学习手链制作、油画绘制、旧物改造（T 恤变围巾）等生活技能，给留学女生放松心情的机会。国际

---

① University of Connecticut，“Student Characteristics”，http：//www. uconn. edu/students. php，［2013－07－17］.

② Plato，*The Republic*（Trans. by Benjamin Jowett），Mineola，New York：Dover Publications，Inc.，2000，pp. 177－202.

业文化背景的高级经理。1997—2001 年，欧盟向中国推出“中国—欧洲高等教育合作项目”（Higher Education Cooperation），这是新中国成立以来中国高等教育系统在人文社科领域参与的最大的国际合作项目，欧盟资助金额达 975 万埃居（约合 9750 万元人民币），中方则配合以相应的实物与人力投入。该项目支持中国学者到欧洲短期访学，支持欧洲学者到中国开设短期课程，举办全国性欧洲问题研讨会，使关于欧洲的学术研究空前繁荣。1998 年 2 月，欧盟与中国民政部签署了“支持中国村级选举和村务管理项目”，并为此提供了 1472 万埃居（约合 1.47 亿元人民币）用于培训，将村级管理和选举的国际惯例展示给基层干部和群众。自 2002 年开始，欧盟还推出与东南亚高校的合作项目“亚洲链接”（Asia Link）。2004—2008 年，欧盟委员会又推出了中国—欧盟欧洲研究中心（China-EU European Studies Center Programme，ESCP）项目。这些都极大地推动了中欧之间的相互理解，通过教育与培训项目培养出的青年教师、本硕博学生、行政管理人员和财务管理人员，都具备较强的国际合作意识，成为各行各业的优秀人才。①

ESCP 是欧盟 FP6 在中国推出的人文社科研究资助项目。2004 年 3 月 15 日，欧盟委员会主席普罗迪（Romano Prodi）在访华行程中，与中国政府正式签署了中国—欧盟欧洲研究中心项目的相关协议文件，② 从此拉开了这一致力于促进中国欧洲研究的国际合作项目序幕。该项目旨在鼓励中国的高等教育和研究机构研究欧洲问题，增进中国范围内对欧盟和欧洲问题的了解和关注。该项目得到欧盟委员会、欧盟驻华使团、中国商务部和教育部的大力支持。③ 项目执行机构设在中国社科院，办公地点设在北京的项目管理办公室（Programme Management Office，PMO），实行中国和欧

① 郑园园：《成功合作的范例——欧盟对华援助述评》，《人民日报》1998 年 10 月 30 日，第 6 版。

② CFIE - Service Center of World Industrial and Commercial Organizations Forum（WICO），*EU-China European Studies Centres Programme*（*ESCP*），November 29，2004，http：//www.wico.cn/Html/EN/newscenter_ EN/2004112985257.html，［2017 - 04 - 02］.

③ 王芳：《欧洲研究中心项目在中国取得丰硕成果》，《人民日报》2008 年 2 月 3 日，第 7 版。

盟各有一位负责人的双主任制。在为期4年的执行期中，PMO与学术委员会（Academic Board，AB）、指导委员会（Co-Directors）共同参与管理，通过向全国公开竞标的方式，择优选拔具有发展潜力的欧洲研究中心，使这些中心的欧洲学者、学生、领导及员工从项目中获益，推动欧洲研究在中国的开展。

经过两轮激烈的公开竞标，截至2006年7月，中国共有17个高校和研究机构的欧洲研究中心获得立项，分布在北京、上海、天津、山东等11个省、市、自治区。17个欧洲研究中心严格按照中心所属法人单位与欧盟委员会签署的项目合同，展开全方位的教育、研究等学术、科研和管理活动。与此同时，PMO也开展了多项与项目相关的培训、调查和宣传活动，并多次组织对各中心财务、学术与管理的评估。2008年2月，ESCP项目圆满结束，总投资金额1172.1万欧元。其中，欧盟委员会提供经费1032.81万欧元，中国政府出资74.4万欧元，其余经费由被资助中心配套提供。在这一为期4年的政府间合作项目支持下，近400名从事欧洲研究与教学的中国学者、教师、学生前往欧洲学习和考察，17个欧洲研究中心组织了约100次国际国内学术研讨会，出版专著50多部，发表论文100多篇。该项目还资助建立了两个欧洲研究图书馆，并对中国欧洲学会网站和数据库建设提供了帮助，为推动中国欧洲学研究的发展做出了积极贡献。

以上成绩的取得，与ESCP所采用的项目管理工具密不可分。ESCP管理方法学为参与项目的欧洲研究中心研究人员和管理人员留下了深刻印象。总体而言，可以归纳为4种项目管理工具。

一、逻辑框架法

逻辑框架（The Logical Framework Approach，Log-Frame）是在项目管理中运用的重要分析工具，它概括了项目计划的各项重要内容，如项目总体目标和各项具体目标、项目预期成果、实现预期的条件、项目评估指标等。Log-Frame常用于双边和多边基金会组织、国际非政府组织（INGO）

及政府合作机构的项目管理中，通常被看做一种“思维助手”（Aid to Thinking），使复杂的项目信息分析和组织富有条理，也使项目管理过程实现以目标为中心的目标管理（Management by Objectives，MBO）。如表3—2所示，从A1到D4的15个问题为申请项目时需要说明的问题：

表3—2　ESCP合同中的逻辑框架表（Log-Frame）

	项目逻辑	检验成果的客观指标	检验依据及方法	实现条件
总体目标	A1：项目活动致力于实现哪些总体目标？	A2：与总体目标相关的有哪些核心指标？	A3：这些核心指标的检验依据是什么？	
具体目标	B1：为实现总体目标，项目活动致力于哪些具体目标？	B2：哪些指标可以表明活动目标已经实现？	B3：已知或可收集的检验依据有哪些？为获得该依据，要求采取什么方法？	B4：为实现项目目标，哪些外部因素和条件是必须的，且在项目受益人责任之外？哪些风险应纳入考虑范围之内？
预期成果	C1：预期成果是项目可望实现的具体目标。预期成果有哪些？（请枚举）	C2：衡量预期成果是否实现、实现到何种程度的指标有哪些？	C3：这些指标的检验依据是什么？	C4：为实现预期目标和项目进程，需要满足哪些外部条件？
项目活动	D1：为实现预期目标，应实施哪些活动？以怎样的顺序？	D2：在执行活动时，要求采取哪些措施？如人员、设备、培训、研究、供应、运行设施等？	D3：活动执行方面有哪些检验依据？活动成本有哪些？怎样分类？（在行动预算中详细列出）	D4：活动启动需要具备哪些前提条件？哪些外部条件是项目受益人无法直接控制，但是执行活动计划所必需的？

图表来源：European Commission，“Logical Framework”，*Publication Version* 005，December 14，2004。

15 个问题遵循“目标—指标—依据—前提—风险”的逻辑关系，体现了这种“思想助手”的条理性，包含了预测（Forecasting）和脚本（Scenario）两种计划工具。从某种意义上讲，逻辑框架是对项目团队预测能力及其有效性的考察，是基于已有环境、资源和条件做出的一种承诺，对这 15 个问题的回答反映了项目团队对课题设想、研究方法、实践活动、宣传力度、发展前景等方面的把握程度，是组织计划工作的重要内容。预测技术可以分为定量和定性两类。表 3—2 中的 B4 问题要求列出了项目可能遇到的风险（Risks），这实际上将脚本（Scenario）计划纳入了预测当中。脚本是对未来可能发生的突发事件采取的应对方案。脚本计划的目的不是预测未来，而是针对不同条件下可能的风险行为或潜在状况制定相应策略，从而降低管理过程中的不确定性。[①] 随机事件很难预测，因此要创造各种信息渠道，以提高项目团队的应急反应能力。

二、行动预算法

行动预算（Budget for the Action，BFA）体现了项目的实施步骤和预算安排。在对项目进行计划时，需要根据目标确定行动，并根据行动确定预算。图 3—1 反映了项目计划的基本过程：

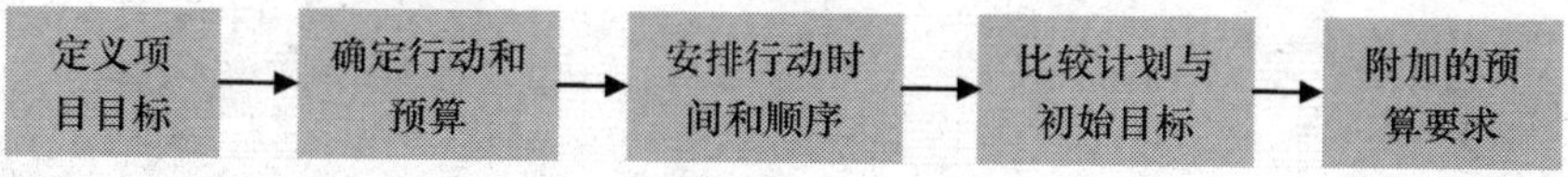

图 3—1　项目计划过程

图表来源：R. S. Russel and B. W. Taylor III，*Production and Operations Management*，Upper Saddle River，NJ：Prentice Hall，1995，p. 287.

项目计划的目的就是实现项目的总体和具体目标，一切行动和预算都

---

① S. Caudron，“Frontview Mirror”，*Business Finance*，Vol. 12，1999，pp. 24 – 30.

围绕目标进行和设定。在行动内容确定之后，就要对时间和顺序进行安排，即排程（Scheduling）。国际上很多数千人参加的大型研讨会，根据论文题目与议题的相关度进行的排程，需要在分会中由同行专家协助分类汇总，需要大量的协调工作。而对于人数较少的研究团队，要想保证研究成果按照保质保量地完成，也需要慎重地排程并在相关人员当中分享，以确保所有人能够跟上进度。表 3—3 和表 3—4 分别是 ESCP 的行动计划表和访学人员行程表的一项样表。

表 3—3 项目行动计划表

第一年（2006）													
	月份												
	1	2	3	4	5	6	7	8	9	10	11	12	实施主体
第 1 项活动筹备（北京首次项目会议）													
第 2 项活动筹备（联合研究）													
第 3 项活动筹备（巴黎国际研讨会）													
……													
第 9 项活动筹备（硕士与博士研究生课程建设）													
第 10 项活动筹备（财务审计与学术评估）													

表 3—4 访学人员行程表

姓名＼月份	1	2	3	4	5	6	7	8	9	10	11	12
A												
B												

续表

月份 姓名	1	2	3	4	5	6	7	8	9	10	11	12
C												
D												

表3—3是排程工具中的甘特图（Gantt Chart），表3—4则属于将历时工作量可视化的负荷图（Load Chart）。甘特图是在20世纪初由亨利·甘特（Henry Gantt）开发的样条图，带有横向的时间坐标和纵向的活动坐标，样条表示项目期间的所有活动进度，复杂一点的甘特图可以采用不同颜色的样条，以显示计划与实际进度之间的差距，有利于管理者了解哪些活动已经开始或完成，哪些活动已经延迟或取消。负荷图则是一种将工作量具体落实到人的改进版甘特图，它在纵轴上列出的是实施活动的主体，有利于管理者了解团队人员的工作状态。①

预算是一种数字性的计划活动，是用以对特定活动进行资源分配的管理工具和技术，由于其能够强制性地在组织内推行财务纪律和结构，已成为一种重要的管理方式。②

行动计划确定之后，要设计相应的预算，以保证行动的顺利运行。ESCP在《项目申请指南（Guideline for Application）》中对合理（Eligible Costs）与不合理（Ineligible Costos）费用进行了严格划分，标准基本与国内社科项目的财务规定相同，只是增加了一些更加具体的内容，如固定员工薪酬、作者稿费、汇率贬损等，都属于不合理支出。③ 行动预算的支出

① ［美］斯蒂芬·P. 罗宾斯、玛丽·库尔特，孙健敏等译：《管理学（第七版）》，《中国人民大学出版社》2004年版，第245页。

② ［美］斯蒂芬·P. 罗宾斯、玛丽·库尔特：《管理学（第七版）》，中国人民大学出版社2004年版，第238页。

③ European Commission，*Guidelines for Grant Applicants for Existing Centres for European Studies Responding to the Call for Proposals for 2005*（*ESCP/G003*），Budget line：BGUE - B2005 - 19. 10020 0 - C8 - AIDCO，February 6，2006，p. 10. 合理与不合理费用又称可补偿成本，在本章第二节第二条中有详细论述。

项被分为六类：人力资源、交通费、设备与供给、本地办公与活动成本、其他成本或服务以及作为间接合理费用的管理费（参见表3—5）。

表3—5　ESCP合同中的行动预算表（Action Budget）

附件二：行动预算	所有年份			
支出项目	单位	数量	单价（欧元）	支出额（欧元）
1. 人力资源				
人力资源小计				
2. 交通费				
交通费小计				
3. 设备与供给				
设备与供给小计				
4. 本地办公与活动成本				
本地办公与活动成本小计				
5. 其他成本或服务				
其他成本或服务小计				
6. 其他（需详细列出）				
其他小计				
7. 第1—6项直接成本小计				
8. 管理费（不超过7%）				
9. 第7项和第8项合理成本合计				

三、标杆比较法

标杆比较（Benchmarking Approach，BA）是寻求具有杰出绩效的竞争对手或非竞争对手最佳实践（Best Practice）的管理途径。项目团队可以通过分析、借鉴优秀团队经验的方式改进自身。标杆比较过程一般包括4个部分：建立标杆比较执行团队、收集分析内外部数据、识别绩效差距、调整实施行动计划，[①] 最终实现达到或超越最佳实践的目标。

① Y. K. Shetty，“Aiming High：Competitive Benchmarking for Superior Performance”，*Long Range Planning*，Vol. 2，1993，p. 42.

ESCP 管理办公室在 2004—2008 年项目实施过程中，举办圆桌会议 8 场，为 17 个欧洲研究中心提供了交流管理经验、查找自身不足、及时调整项目预算，使"主动监控"伴随项目全过程。同时，ESCP 注重学术与财务双重评估，对学术活动的评估注重质量、效果和方式，对财务预算执行的评估，则通过审计报告和财务报告体现出来。在圆桌会议上，中心主任和管理人员之间可以就各自感兴趣的话题和无法解决的难题进行交流和咨询，使最佳实践能够在相互比较和借鉴中得以融会贯通。

四、循环管理法

循环管理（Project Cycle Management，PCM）是指用"生命循环"（Life Cycle）的思路描述项目任务、人员分工、岗位职责、决策选择等项目管理的过程。项目循环管理可分为 5 个环节：规划、论证、成文、执行、评审。循环管理的 5 个相互连结的环节可以用图 3—2 表示：

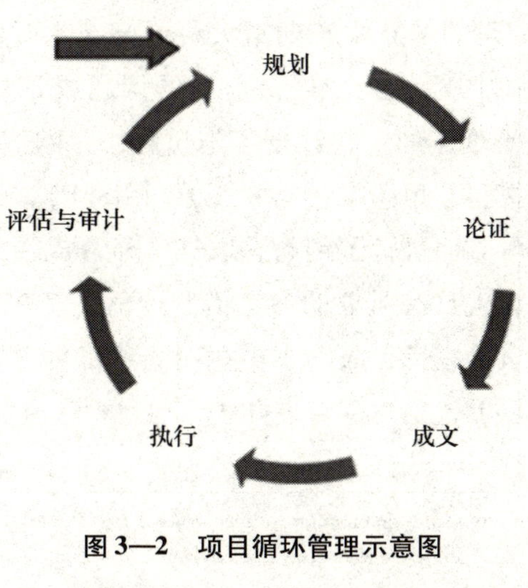

图 3—2　项目循环管理示意图

图片来源：Europe Aid Cooperation Office of EU，"Project Cycle Management Guidelines"，*Aid Delivery Methods*，Vol. 1，March 2004，http：//ec. europa. eu/europeaid/multimedia/publications/documents/tools/europeaid_ adm_ pcm_ guidelines_ 2004_ en. pdf，[2015 - 11 - 17].

项目评审所肯定的内容将成为科研成果向社会转化的重要内容，通过学术宣传、出版刊物、门户网站、主题研讨、建立网络等形式，确立一种长期有效的成果转换机制，促使项目管理实现可持续发展和螺旋式上升。在项目的一个生命循环过程结束之后，通过主动自查，项目研究内容可由浅入深、由简入繁，使一个项目的成果为下一个项目的新选题和新角度奠定基础。同时，循环管理有助于加深欧盟与其他国家和地区的相互理解、增强互信。

第二节　FP7 经费资助体系

作为欧盟框架项目中落实创建欧洲研究区和推动欧洲科研联合战略的重大行动，欧盟委员会关于 FP7 的建议于 2005 年 4 月公布，并于 2007 年正式启动。① 作为欧盟的全欧中长期重大科研与技术开发计划，FP7 资助的项目几乎都是针对国际科技发展最前沿的课题或是具有基础性、前瞻性、预竞争性的科研难点的。在计划实施过程中，欧盟在项目遴选程序、研发资金的筹集与拨付、风险共担融资工具（RSFF）、财务报告审计以及结项成果评估机制等方面进行了创新，取得了显著成效，对中国创新型国家建设中的制度建设，具有重要的参考借鉴价值。FP7 以科学研究、技术研发和示范效应为资助宗旨，鼓励成功立项的项目负责人积极推广项目研究成果。项目管理内容包括财务管理办法、项目管理流程等。②

---

① Commission of the European Communities，*Proposal for A Decision of the European Parliament and of the Council*：*Concerning the Seventh Framework Programme of the European Community for Research*，*Technological Development and Demonstration Activities*（*2007 to 2013*），June 4，2005，http：//eur－lex. europa. eu/LexUriServ/LexUriServ. do? uri＝COM：2005：0119：FIN：EN：PDF，［2011－07－03］.

② *Rules of Procedure of the Commission*，OJ L 308 of 08. 12. 2000，p. 26，as last amended by Commission Decision 2005/960/EC，Euratom-OJ L347 of 30. 12. 2005，p. 83.

FP7 的执行期由以前框架计划的 4—5 年延长至 7 年，科研时间大幅延长，从而能够确保科研计划执行的连续性。有资格接受 FP7 项目拨款的申请项目，必须是多个参与者共同开发的非营利项目。项目总预算为 727.26 亿欧元，总支出为 558.06 亿欧元，① 其中 444.32 亿欧元用于科研合作，118.62 亿欧元用于原始创新，71.29 亿欧元用于研究人员的进修培训或职业发展，74.86 亿欧元用于欧洲保持竞争力持续增长的能力建设，18.17 亿欧元用于联合研究中心的无核化行动（如表 3—6 所示）。②

表 3—6　FP7 预算资助领域及经费金额一览表（单位：亿欧元）

序号	FP7 预算资助领域	经费金额
1	科研合作*	444.32
	（1）卫生	83.17
	（2）食品、农业和生物技术	24.55
	（3）信息与通信技术	126.70
	（4）纳米科学、纳米技术、材料与新生产技术	48.32
	（5）能源	29.31
	（6）环境（含气候变化）	25.35
	（7）交通（含航空学）	59.40
	（8）社会经济科学与人文学科	7.92
	（9）安全与太空	39.60
2	原始创新	118.62
3	研究人员进修培训或职业发展	71.29
4	欧洲保持竞争力持续增长的能力建设	74.86
	（1）研究基础设施**	39.61
	（2）中小企业权益研究	19.01

① 科技部：《欧盟研发框架计划与时俱进》，2012 年 4 月 9 日，http://www.most.gov.cn/gnwkjdt/201204/t20120405_93538.htm，2015 年 11 月 5 日登录。

② Commission of the European Communities, "Article 4 Maximum overall amount and shares assigned to each programme", *Proposal for A Decision of the European Parliament and of the Council: Concerning the Seventh Framework Programme of the European Community for Research, Technological Development and Demonstration Activities (2007 to 2013)*, p. 10.

续表

序号	FP7 预算资助领域	经费金额
	（3）区域知识研究	1.58
	（4）研究潜力考察	5.54
	（5）社会中的科学	5.54
	（6）推动国际合作的行动	3.58
5	联合研究中心的无核化行动	18.17
合计		727.26

数据来源：Commission of the European Communities，"Article 4 Maximum overall amount and shares assigned to each programme"，*Proposal for A Decision of the European Parliament and of the Council*，p. 10.

*包括联合科技项目（含财务计划）和在9个科研合作领域中举办的协调与国际合作活动。

**包括向欧洲投资银行注入的一笔用于建设附件三中提到的"风险共担融资工具"（RSFF）的资金。欧洲议会决定通过实施这一项目做出以下贡献：（a）确立该项目资金的资助上限；（b）确立FP7项目经费的收益创新分配模式以及结余经费的创新利用模式。

总的来说，FP7包括欧洲研究的4个基本方面：

一是"科研合作"战略，预算为444.32亿欧元，支出324.13亿欧元，支持大学、研究中心和政府机构间的合作，增强欧洲在关键性科学和技术领域的领导能力，鼓励在表3—6中"科研合作"的9个领域开展联合研发。

二是"原始创新"战略，预算为118.62亿欧元，支出75.10亿欧元，主要进行有一定风险和影响力的项目研究，力图使欧盟在新兴和具有快速影响力的领域达到世界领先水平，并建立欧洲研究理事会（ERC），资助基础或前沿研究，促进欧洲在科技、工程、社会、经济和人文社科领域创新性研究的发展。

三是"研究人员进修培训或职业发展"战略，预算为71.29亿欧元，支出47.50亿欧元，通过一套前后关联的"居里夫人行动计划"（the Marie Curie Actions），以奖学金的形式支持研究人员的培训、学术交流和职业发展，鼓励科研人才培养与自由流动，提升女性在科研中的地位，提高青年对科学研究的兴趣，鼓励并支持其选择科研为优先职业，吸收国外优秀人才来欧洲工作。

四是“欧洲保持竞争力持续增长的能力建设”战略，预算为 74.86 亿欧元，支出 40.97 亿欧元，主要目标是支持发展和完善科学研究的基础设施建设，发起使中小企业受益的研究，促进区域知识研究，考察欧洲的研究潜力所在，促进科学与社会的融合，开展专项国际合作行动。原子能共同体计划的投入经费为 27.51 亿欧元，旨在通过研究基础设施的升级换代，增强欧洲的研究和创新能力，支持地区研究群体、中小企业和国际合作的发展。其包括两个特殊计划：（1）核聚变及研究；（2）核裂变及辐射保护。①

为了保证在有限的投入下产生最大化的社会经济效益，欧盟制定了严格的经费管理制度，通过 20 多年的运行实践形成了完善的项目经费管理体系。

一、“全过程”组织架构与管理流程

FP7 执行管理及各成员国科研计划的协调，均由欧盟委员会负责，具体管理结构为：由委员会高级审议机构负责对整个项目进行总体战略指导，具体由高级审议机构下设的科学咨询委员会和产业咨询委员会实施。对高级审议机构工作进行监督的，是欧盟项目 PMO 下设的执行委员会，其负责项目管理中的协调问题。执行委员会下设项目办公室，负责对科研项目进程进行监督管理，包括项目学术研究质量、资金使用效益、项目报告提交情况、知识产权管理及学术道德事项等。

FP7 的“全过程”管理可以分为以下几个阶段：（1）制订方案。初步确定科研项目合作的国家和开展的主题，构建大致的合作框架，确定科研项目方案。（2）论证方案。对初步制订的项目方案进行可行性分析，考虑

① Commission of the European Communities, *Proposal for A Decision of the European Parliament and of the Council Concerning the 7th Framework Programme of the European Community for Research, Technological Development and Demonstration Activities* (*2007 - 2013*), pp. 3 - 4.

项目方案可能产生的结果，以及达到预期目标需要付出的努力。(3) 专家评审。在对项目方案进行可行性分析后，考虑各方面细节，对项目进行评估，判断该项目方案是否与 FP7 的初衷相一致。(4) 预算测评。欧盟委员会在对项目进行评估的基础上，做出财务预算，由专业的财务部门对预算案进行测评。根据财务部门的测评结果，由委员会决定是否通过该预算方案。(5) 项目实施。由欧盟委员会进行监管，高效利用拨款资金开展科研活动。(6) 绩效评估。欧盟委员会根据项目完成情况，对项目质量进行评估。

在“全过程”管理中，评审流程和择优标准对质量保证而言到头重要，以下将对这两个方面进行详细介绍。

(一) 评审流程

根据项目预期目标的不同，申请书中要对联合研究的类型进行明确界定，区分是为某些研究群体提供资助支持的研究类项目，还是致力于不同协调和支持行动的管理类项目。[①] 项目申请分为单一申报、两段申报和连续申报三种类型。对于两段申报项目而言，申请人首先提交申请书的缩略版或提纲，在第一阶段评审获准后，才具备在第二阶段提交完整申请书的资格。对于连续申报项目而言，需在不同时段根据上一阶段研究任务的中期检查和下一阶段新研究任务的申请提交截止日期，接受项目评估，完成上一阶段结项工作，提交下一阶段新的项目申请书。一般而言，上一阶段的评估工作会在截止日期之后的 1 个月内完成，评估和结项时间则根据具体任务要求具体设定。[②] 根据项目经费的获得方式，可以将项目划分为委托课题、工作方案和竞标项目三类；根据项目负责人所代表的主体类型，可以分为研究机构、大学、行业或其他公共部门申请的 4 类项目；根据研

---

① [英] 丹尼斯·洛克主编，李金海等译：《项目管理》，南开大学出版社 2005 年版，第 6—9 页。

② European Commission, “Annex D: Continuous Submission Procedures”, *Rules for Submission of Proposals and the Related Evaluation, Selection and Award Procedures*, p. 35.

究内容，则可分为研究开发类、成果展示类、教育培训类、模式推广类、知识转化类和其他研究类。①

项目评审流程分为十步，可根据进阶与否划分为三个阶段（如图3—3所示）。第一阶段，资格审查。由申请人提出申请，接受资格审定，审定合格者进入专家评议阶段或提交第二阶段完整申请书（针对两个阶段构成的项目申请，在第一阶段只提交缩略版或提纲），审定不合格者则进入委员会淘汰名单。第二阶段，独立评审。由同行专家就学术质量进行独立的评审，然后由PMO在个体评审意见的基础上汇聚共识，达到要求者可跨过独立评审的第一道门槛。第三阶段，集体评审。委员会对通过独立评审的申请书进行排名，若有需要，可以进行道德审查和保密审查，按照资助金额上限进行集体评审，排名靠后者与资格审查不合格者共同进入委员会淘汰名单，同时确定胜出者名单，若有异议，可提请项目委员会审议，做出资助和（或）淘汰的决定，并将评审结果通知申请人。

项目评审的“全过程”进展信息和正式通知会在欧盟官方期刊发布，申请书内容会在欧盟相应网站公开，② 并将与研究主题相关的课题研究计划、指标性竞标预算、可申报的项目资助、申报截止日期公布在网上。网站为有意愿申报资助的任何用户提供必要的信息，为申请者提供每类项目的申报指南，详细说明申报程序，协助申请者解决申请过程中可能遇到的各类问题，并提供纳入欧盟成员国联络中心（national contact points）的联系人信息以及欧盟委员会的FP7咨询服务信息，申请人通过基于网络的电子申报服务系统（EPSS）提交申请，通过该系统的咨询台享受与申报相关的专业服务。以学术联盟或协同体（consortium）提出申请的项目，只能授权申报协调人（以用户名和密码识别）提交申请，申报协调人在上报申请书之前，必须已经得到所有申报单位和人员的协议同意。申请书通过EPSS

---

① European Commission, “Annex III: Funding Schemes”, *Rules for Submission of Proposals and the Related Evaluation, Selection and Award Procedures*, p. 50.

② 比如，自1988年启用的欧盟共同体研究与开发信息服务网（Community Research and Development Information Service）便是其中一个重要的门户网站，网址为：http://www.cordis.europa.eu。

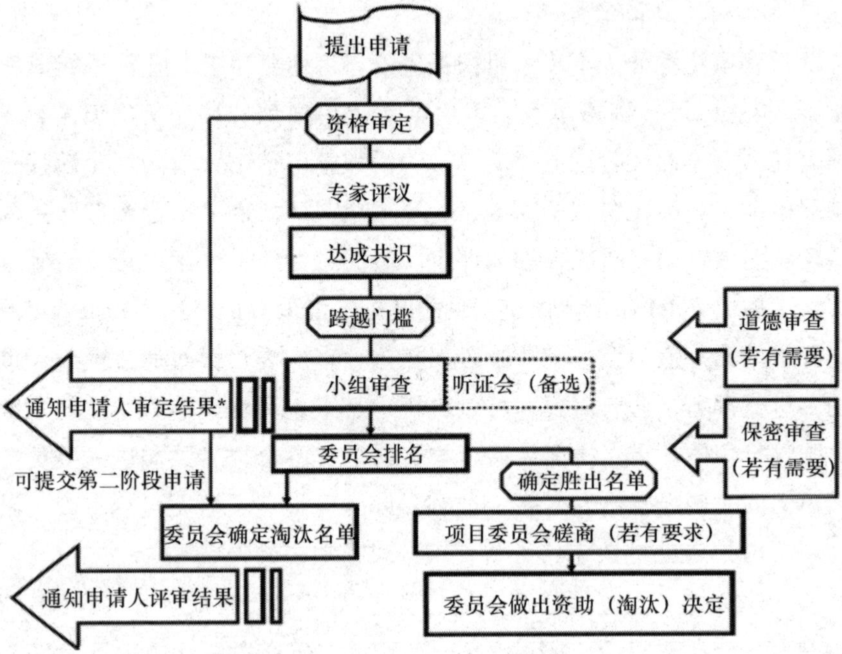

图 3—3　FP7 项目评审流程图

图表来源：European Commission，“1. Introduction”，*Rules for Submission of Proposals and the Related Evaluation*，*Selection and Award Procedures*，p. 5.

系统提交之后，即进入项目申报数据库，所有人员在项目申报截止日期之前，将无法对申请书进行修改。PMO 本着负责、权威的原则，会为每一类项目指定一个获得授权的项目协调官员（coordinator），项目协调官员作为一个联络中心，负责解答与项目申报相关的实际问题，确保申请书的接收和评审过程符合整体规划与组织原则。与此同时，PMO 也会为每一类项目指定一名或多名委员会成员，负责妥善处理申报或评审过程中可能出现的敏感问题，为存在利益冲突的问题提供指导意见。①

---

① European Commission，“2. 1 Call for Proposals”，“2. 2 Pre-Proposal Checks”，“2. 3 Submission of Proposals”，*Rules for Submission of Proposals and the Related Evaluation*，*Selection and Award Procedures*，pp. 5 –7.

（二）择优标准

对于怎样的项目申请能够获得立项的问题，可以分为学术和财务两个环节。

1. 学术择优标准

首先是卓越性，论述专题与相关度、影响力和执行力指标都能达到标准的高质量申报书要求。其次是透明度，资助决定基于对项目研究方法与程序的清晰描述，以及申请人能够充分地与管理人员进行沟通，接受评估和反馈意见。第三是公平性，无论项目申请人的出身与身份如何，对于项目研究所取得的业绩一视同仁。第四是机密性，所有项目申请书及其提交欧盟委员会的相关数据、知识和文件，都被视为机密文件。第五是效率和速度，在保证质量和遵守法规的前提下，评估、奖励和经费均以最快速度开展和支付。第六是道德与保密考虑，任何与基本道德准则相违背或与相关保密流程不符的项目申请，将从评审、选拔和评奖进程中排除。①

评审专家以 0—5 分对项目申请书进行评价，分值标准如下：

0 分：经审查尚未达到最低学术规范，或因缺失信息而无法评判。

1 分：极差。行文与论述较为草率，与申报要求有较大差距。

2 分：差。对研究问题的假设论证存在严重的内在逻辑不自洽。

3 分：中。基本符合学术规范，但仍有明显缺陷，需进一步调整。

4 分：良。观点呈现规范严谨，并仍有深入完善的空间。

5 分：优。对与研究问题相关的所有假设能够提供成功的实证检验。

独立专家分为评审专家和观察员两类，专家可以在到会评审和远程评

① European Commission, *Rules for Submission of Proposals and the Related Evaluation, Selection and Award Procedures*, http://www.york.ac.uk/media/research/documents/Evaluation%20Guidelines.pdf, [2015-02-11], p.4.

审两种方式中做出选择。在正式评审开始之前，PMO会与独立专家签署正式委托协议，明确评审时间、评审流程、评审要求、冲突处理方式等有关法律义务和权利。对于评审委员的独立评审劳动，欧盟委员会规定每个工作日支付450欧元的酬金，并报销参加评审的往返交通费（每次参会只报销一次）和基本生活费（按每日补贴标准发放）。①

2. 财务审核标准

（1）负责人（协调人）资格审核

FP7项目研究团队由项目负责人（协调人）和参与人组成。科研团队中的负责人只能有一个，负责人对拨款协议中规定的项目协调任务承担责任，且必须来自于欧洲成员国，负责人的协调责任不能转让或外包给第三方，团队成员中也必须至少有两个来自欧洲成员国。如果项目负责人为非公共团体、中高等教育机构，或无法得到成员国担保，且财务能力较弱的机构或个人，欧盟会系统分析这些法律实体的财务可行性。

（2）经费申请额度审核

欧盟会分析申请欧盟拨款超过50万欧元的项目申请的财务可行性。如果分析结果是相关机构或个人所属的法律实体的财务可行性“不足”（insufficient），无论申请者是作为协调人还是其他受益人，都不被允许参与项目执行。如果一个法律实体的财务可行性被审核为“薄弱”（weak），原则上申请者不能成为项目的负责人，但仍可以参与项目研究。例外的情况是，在自愿的基础上，如果财务能力“薄弱”的实体能够提供担保，并且该担保能够被欧盟确认为与成员国所提供的担保具有同等效力，该申请者仍可以成为负责人。

（3）财务担保资质审核。

财务担保的形式可以是项目负责人建立的信托账户，但必须满足以下条件：a. 信托账户不能计入项目负责人的资产，以防由其破产引发的支付

① European Commission, “Annex F: Appointment Letter for Independent Experts”, *Rules for Submission of Proposals and the Related Evaluation, Selection and Award Procedures*, pp. 37 –45.

不足；b. 信托账户的使用必须用于项目执行的相关活动；c. 项目负责人为受托人、受益人，欧盟为委托人；d. 信托账户的付款人必须是有权接受欧盟资助的受益人；e. 任何结余款项必须在不需经第三方批准的情况下全部返还欧盟。

二、成本估测与预算管理规定

根据欧盟的财务要求，在制定预算时要考虑可补偿成本及不可补偿成本，联合研究、产品展示、项目管理、成果推广、知识产权等属于合理成本，非科研活动中产生的税费及汇率变动造成的资金损失等与项目无关的支出属于非合理成本。欧盟项目对于经费支出是否可补偿，有其判定标准：（1）项目执行期间真实发生的费用；（2）所有经费支出必须在所在机构的财务系统中记账；（3）项目负责人须与所在单位的财务系统沟通，使其财务记账方式符合欧盟相应规定。可补偿成本又分为直接成本和间接成本。直接成本是直接以项目研究团队成员为支付或使用对象的成本补偿方式，包括耗材、人员、设备、交通、审计、外包合同等费用。间接成本则是不直接以项目研究团队成员为支付或使用对象，但在项目运行过程中又必不可少的产品或服务费用，包括管理费、水电燃气费、场地租用费等。

（一）可补偿成本

欧盟将 FP7 项目的可补偿成本分为直接可补偿成本和间接可补偿成本。直接可补偿成本是根据会计准则规定、与项目直接相关的资金支出，即为了完成科研项目所消耗的用货币购买的各类资源的价值。① 一般包括：研究人员、管理人员、学生助理、翻译人员、咨询专家在项目研究活动中所付出劳动的薪金、工资、协作费或科研业务费；图书资料购置费；国际

① 康小明：《政府对大学科研间接成本补偿机制的国际比较研究》，《北京大学教育评论》2007 年第 5 卷第 4 期，第 157 页。

合作与交流费（含项目组成员出国合作交流、境外专家来华合作交流等）；国际、跨省及本地交通费；设备购置或租赁费；研究数据采集费；项目分包或转包费用（需附合同）；项目框架下举办交流活动所涉及的场地租赁费、会议费、耗材购置、邮寄费、网站维护费、宣传品设计制作及打印复印费；项目审计费；出版/文献/信息传播/知识产权事务费及其他直接合理支出。

间接可补偿成本也称“综合管理成本”（administrative costs）或“设施和管理成本”（overhead），简称“管理费”，即项目依托单位为维持科研活动的支撑体系运行所耗费的各类资源的价值，通常包括项目学术和财务管理员及各级各部门管理人员在日常工资以外为项目管理所付出劳动的酬金，以及图书资料、实验室、仪器设备等公共资产与服务的购置和维护成本。

1. 直接成本的资助原则

FP7 以成本补偿的原则确定直接可补偿成本的资助金额，通过由项目申请人预估并与项目委员会协商的方式确定，再根据研究团队、研究内容和成果特征的不同，确定相应的成本补偿数额和比率。接受科研经费的受益人需要与欧盟委员会签订拨款协议（European Commission Grant Agreement，ECGA），科研经费的具体拨款金额、拨款方式等均会在拨款协议中进行明确约定。

FP7 规定可补偿成本的核算条件如下：

（1）项目执行过程中实际发生的成本，不能是预估或假设的成本；

（2）与项目参与人的科研行为密切相关的成本；

（3）发生在从项目立项到项目结束这一时限内；

（4）遵循项目参与人所在国或地区的通用会计制度；

（5）为完成项目绩效必须支出的成本，如向保险公司支付的预防未来解约的保险金，即属于合理支出；

（6）成本在具体的项目负责人或参与人账号内记录；

（7）列入项目总预算，不能是预算之外的成本；

（8）增值税、所得税、汇率损失等间接支出不属于可补偿成本。

2. 间接成本的资助原则

社科研究活动间接可补偿成本的有效补偿机制，主要有如下三种类型：第一种是拨付经常性教学或（和）科研经费；第二种是通过科研质量评估，提供一揽子财政拨款；第三种是根据间接成本与直接成本比重，确定补偿金额，又称“统一费用率”（flat rates），即统一划定一个关于管理费的提取比率。[①] 前两种可以统称为“全成本模式”（full cost model），即向项目委员会申报所有实际产生的成本；第三种则可被称为“统一费用模式”，即在实际发生的直线可补偿成本的基础上，使用直接可补偿成本的20%这一统一费用率作为可补偿间接成本的核算依据。如果选择了统一费用原则，就可以省略间接成本的认证过程。在 FP7 中，按项目内容及管理活动类型分为协同项目（Collaborative Project）与合作与支持项目（Cooperation and Support Action，CSA）。协同项目的间接可补偿成本可以达到直接可补偿成本的60%，合作与支持项目的间接可补偿成本则一般定为直接可补偿成本的7%。[②]

（二）成本控制方法

FP7 中将涉及到人员费用的预算项置于所有预算项的首位，一是因为人员费用是以签收而非开具发票的形式领取，二是体现了以人为本的项目管理理念。人员薪酬的成本核算体系非常严谨，需要计划出每个人参与项目的时间（具体到小时），根据人均薪酬标准计算出总共需要的薪酬数额。其严谨性主要体现在以下几个方面：

---

① 康小明：《政府对大学科研间接成本补偿机制的国际比较研究》，《北京大学教育评论》2007 年第 5 卷第 4 期，第 158 页。

② European Commission，*Guide to Financial Issues Relating to FP7 Indirect Actions*（Version 18/03/2013），http：//ec. europa. eu/research/participants/data/ref/fp7/89556/financial _ guidelines _ en. pdf，[2017 - 03 - 15]，p. 45.

1. 人员薪酬计算原则

项目研究团队分为项目负责人（协调人）、学术研究人员、专业技术人员、其他管理人员和学生助理。根据项目经费管理办法规定，全职工作人员已经在原有工作单位享有月薪，不能在项目当中再领取类似于工资的收入，但可以根据为项目研究所花费的时间领取相应的报酬或加班费。

欧盟框架项目尽量精确人员的参与时间，不管处于什么部门，都要有严格的人员参与时间的记录，由项目负责人签字确认后，才能领取相应的酬金。中国除一些大型机构或企业享有员工计时系统以外，在中小型机构或企业中，更关注以月、季度或年为单位的总工资，并以此衡量人力成本及其对总利润和现金流的影响，没有一套严密的体系来记录员工工作小时数和工资率。很多机构对研究人员成本的核算缺乏精确性，尤其是计算单位不同，成本核算方法不同，导致在进行项目投标时会存在认识上的差异。

2. 酬金发放激励原则

欧盟项目不采用整笔经费划拨给某个部门之后、按人数平均发放酬金的方式，而是以每个成员的实际工作小时数，有差异地进行支付。这样的酬金发放方式，能够有效地激励积极工作的研究人员，使其不必因担心做多做少都一样的平均主义，而被迫无奈选择规避责任，从而尽量少地被其他团队成员“搭便车”。

3. 宣传活动报销原则

该项费用可用于网站建设、公开讲演及差旅费、出版物所需印刷费或出版费。项目经费管理办法特别指出，项目申请过程中所进行的宣传活动，不能纳入立项之后的费用支出范围内，但结项时提交的改进计划和对项目进展情况进行的宣传活动，可以从项目预算中支出。①

---

① European Commission, *Guide to Financial Issues Relating to FP7 Indirect Actions* (Version 18/03/2013), p. 82.

4. 网络建设支出原则

学术网络的建设往往通过组织研讨会的方式，将从事相同或相似研究方向的学者通过共同体的方式召集起来，因此网络建设行动支出可以通过会议费的形式得以实现。同时，致力于在项目以外的个人和团队之间进行沟通传播和信息交换的行动的经费，也可以在这一预算项下支出，比如通过学友或会员的个人联系方式发送动态。需要注意的是，项目管理相关的会议经费不能从网络建设预算中支出。①

5. 协调活动补偿原则

致力于与相同或相似研究领域的外部项目之间进行协调的会议组织或旅行活动，可以归为协作费的范畴。但是，团队自身的内部学术研究协调经费不能从该预算项下支出，而应在“其他成本”中支出，除非申请书和技术附件中将其描述为与外部项目进行的协调活动。这种情况在合作与支持项目（CSA）框架下较为常见，在联合研究项目中也偶尔会有。若为CSA，可以7%的比例提取管理费。②

6. 知识产权保护原则

对版权或其他形式的知识产权（IPR）进行申报和起诉的费用，包括版权查询和法律咨询的服务费，或向拥有知识产权的第三方法人支付的版税，需附加相关证明材料，可在“知识产权事务费”或管理费预算项下支出，或根据分包或转包合同规定支出相关费用。

7. 社会经济影响评估

对于项目研究的未来社会经济影响所做评估或对可能影响变量发挥作用的因素进行分析时所需花费的成本，可在“其他成本”中列支。

8. 前景开拓行动成本

基于对某些前景广阔，但尚未公开的技术方案的评估、试验和校验所

---

① European Commission, *Guide to Financial Issues Relating to FP7 Indirect Actions* (Version 18/03/2013), p. 82.

② Ibid., pp. 76 – 77.

能产生的衍生研究成果及“认购”行动所进行的可行性分析，若已经获得实际的商业开发、项目筹备等市场化行动计划的资助，则不应再获得项目资助。①

9. 管理活动相关规定

申请书的预算分为研发支出、管理支出和其他活动支出三类。研发支出指与学术研究与技术开发相关的专题学术性活动，简称 RTD。而管理支出则是学术研发以外的间接合理支出。欧盟项目对 RTD 和管理费在项目总经费中所占百分比，从 FP6 到 FP7，发生过一些变化，这些变化体现了欧盟对管理活动重视程度的提升。项目管理费以直接成本的百分比进行提取，FP6 中规定上限为 7%，FP7 中则没有规定上限，而是将项目管理活动归入了“其他活动”范畴。所谓“管理活动”，包括必须由项目负责人履行的职责以及由项目受益人完成的项目具体协调责任以外的任务，比如提供报销凭证、编制财务报表等。在某些情况下，项目的受益人开展的全部都是管理活动，那么根据项目管理办法第二条第二款，其管理费的报销比例可以达到全部可补偿成本的 100%。

对于跨国合作研究的联合体（consortium）而言，其管理活动包括：维护联合体协议必须的联系活动；宏观法律、伦理、财务和行政管理活动，包括每个受益单位报销凭证的获取、与财务审计和技术评估相关的方法学、联合体吸纳新的项目受益人时所需竞争性选拔，以及除参与 RTD 协调工作以外的可预见的管理活动。②

管理费比例可以达到 100% 的规定，使得更多的项目受益人愿意花费更多的时间和精力，投入到协调和组织与项目事业相关的公益活动中去。这一制度革新是有里程碑意义的。从一定意义上讲，美国富布赖特项目的资助经费，正是 100% 地投入到受益人的“文化使者”交流活动中去，使受益人有更多的精力开展学术研究与交流。对受益人劳动和管理性支出的

① European Commission, *Guide to Financial Issues Relating to FP7 Indirect Actions* (Version 18/03/2013), pp. 82 – 83.

② Ibid., p. 83.

回报，使科研项目的实践功效更为明显。当然，欧盟 FP7 项目对管理活动 RTD 协调活动进行了严格的界定，规定凡属 RTD 活动的科研协调管理费，只能报销 50%—75%，因为 RTD 的主要内容仍是研发，而非管理本身，该报销金额是对其学术研究以外协助管理的劳动补偿，并列举了属于科研协调而不属于管理活动的情况，同时将属于管理活动而不属于科研协调活动的情况也列举出来，以便于项目受益人更好地分清这两类活动。

以下情况属于 RTD 协调活动：子课题及分项工作的科研协调与监督（含分项工作组长的协调行动）；项目进展过程中的里程碑记录及项目全球化的关键途径；项目合作方研究工作学术评估，包括可交付采用的研究成果及内部进程报告的协调工作；分项工作、研究成果、里程碑行动及工作计划的进程监督，包括在商定期限内的质量和连贯性审核；科研风险管理；预交付欧盟的学术研究报告和各类待交付文件的准备工作；与专业技术与组织管理问题相关的冲突与矛盾化解工作；学术研讨会与专业技术人员的邀请和安排工作（日程设定、会议记录等）；与参与执行委员会、学术委员会、筹备委员会等学术决策组织相关的活动（含差旅费）等。[①]

以下情况则属于管理活动：向项目合作方收集欧盟要求提交的文件信息的模板设计和维护工作；针对项目报告与监控所设立和维护的数据库，包括工作计划和联合体变动造成的数据库适应性结构调整；根据欧盟委员会的要求，制订与维护项目进展的宣传和推广计划；从联合体方面筹备欧盟委员会评估并进行事后处理，包括支持落实欧盟委员会和评估委员建议意见的行动；在项目指导委员会、成员大会、理事会等重要项目会议的筹备、执行和事后处理中承担的行政任务，包括制定日程、发送邀请、会议选址、住宿与设备安排、会议资料分发和归档、会议记录与活动清单等；项目基础设施的建设与维护，如信息互换与邮件列表的内部平台；法律问题、知识产权问题、联合体协议维护等必备事项的处理；项目联系人管理，回应项目合作方及外单位的日常要求；组织选拔新的受益人或招标外

---

① European Commission, *Guide to Financial Issues Relating to FP7 Indirect Actions* (Version 18/03/2013), p. 84.

包业务提供商；与项目管理及协调直接相关的会议等。①

10. 培训费相关规定

培训活动的支出属于“其他活动”范围，指对研究人员或项目关键成员、研发部门经理、行业主管及项目成果潜在用户进行的职业进修培训。培训对象既可以是相关部门的既定成员，也可以是面向未来应用前景的潜在用户，但在项目计划书中具体列明参与人员是充要前提。项目经费只能支付给提供培训的人员，而非接受培训的人员。②

（一）经费包干制

所谓经费包干制（lump sums），是指不必通过报销或申报，按照 FP7 框架下国际合作伙伴国（ICPC）经济水平确定的标准额度，向研究人员支付年薪的付款项目经费总额等于标准额度与项目研究人数及持续年限的乘积。根据 ICPC 国家的经济状况以及由此决定的研究人员所能为项目研究做出的贡献，FP7 规定：低收入国家每位研究人员的薪酬标准为 8000 欧元/人/年；中低收入国家的研究人员为 9800 欧元/人/年；中高收入国家的研究人员为 20700 欧元/人/年。③ 对于不同类型的项目，以经费包干制发放的酬金最高不得超过资助总额的比例上限不同。若为 RTD 活动，最高不超过总资助额（直接与间接合理支出的总和）的 50%，但非营利公共部门、初高中教育部门、研究机构和中小型企业可以达到总资助额的 75%；若为演示活动（demonstration activities），最高不超过总资助额的 50%；若为 CSA 活动，可以达到总资助额的 100%；管理、培训、协调、网络建设和交流宣传（含出版）等其他活动，可以达到总资助额的 100%。当研究人员所从事的活动在类别与目标、方式发生交叉融合时，以表 3—7 中标注的比例上限为准：

---

① European Commission, *Guide to Financial Issues Relating to FP7 Indirect Actions* (Version 18/03/2013), p. 84.

② Ibid.

③ Ibid., p. 89.

表 3—7　不同类型项目的经费包干制资助比例

最高资助比例	RTD 活动*	演示活动	其他活动
卓越网络建设（NoE）	50%（75%**）		100%
联合研究项目***	50%（75%**）	50%	100%
CSA 活动			100%****

数据来源：European Commission，"II. 16. Upper Funding Limits"，*FP7 Grant Agreement-Annex II General Conditions*（*Version* 7），December 14，2012，http：//ec. europa. eu/research/participants/data/ref/fp7/93289/fp7-ga-annex2_ en. pdf，［2017—03—09］，p. 20.

* RTD 活动包含科研协调工作。

** 项目受益方为非营利公共部门、初高中教育部门、研究机构或中小型企业。

*** 联合研究项目可以包括有助于特定人群（特别是中小型企业）的研究。

**** CSA 活动的管理费最高不超过直接合理支出（外包合同和从第三方获赠资本不在受益方所在地发生的费用除外）的 7%。

表 3—7 中的公共部门指国家法律规定的法人和国际组织，研究机构指国家法律和国际法认可、RTD 为组织目标的非营利机构，中小企业则指规模在 250 人以下、年产值不超过 5000 万欧元、年收支清单不超过 4300 万的企业，研究中心、研究院所、协议研究机构或咨询公司不在此列。① 为了使项目申请更为便捷，欧盟项目招标方还专门建立了关于法人状态的数据库，从而避免申报过程中对法人资格产生的分歧。

在联合研究项目中，团队成员有时可能会面临在经费包干制和报销票据两种方式之间做出选择的情况。由于经费包干制更为便捷，包含所有直接与间接可补偿成本，换句话说，经费包干制为来自 ICPC 国家的项目参与人员提供了包含人员薪酬、交通补贴、设备购置、办公用品/耗材、外包合同和间接成本的所有支出，大部分项目受益者都希望选择这种方式，从而省去因报销票据须遵守各类严格规定和复杂程序而花费的大量时间与精力。但是，FP7 规定，只有项目资助的受益方为 ICPC 国家，且从属于跨

① European Commission，*Guide to Financial Issues Relating to FP7 Indirect Actions*（*Version* 18/03/2013），pp. 79－81.

国合作研究的联合体，而且是合作成员间进行支付转移时，才可以将报销票据的方式变为经费包干制。经费包干制会以 ICPC 国家经济状况标准设定，但如果研究人员并不是全职参与项目研究，还要根据在项目中所承担的实际研究工作在总工作量中所占的比重进行核算。[①] 在经费包干制的报告和审计环节，主要通过审核研究人员详列在工时单（timesheet）上的工作小时数，考核其是否兑现了项目申报时所做的承诺。

三、经费拨付、担保基金及审计规定

FP7 在经费拨付方面沿用了 FP6 的通行做法，但在财务风险的防范方面，于 FP6 的集体财务责任制基础上，建立了担保基金制度，即提取项目总拨款额度的 5%，购买用来预防项目目标无法实现的保险合同，对可能发生的资金投入难以达成预期回报的情况进行担保，若发生财务损失，可以通过申请保险金或扣除不超过总项目经费额 1% 的方式进行弥补。这一方式能够实现项目经费风险的多元化分担，也是推动社科项目的利益相关方重视承诺，调动保险机制敦促预期成果实现的有效方式。由于经费使用的各项细节能够明晰地体现出资方与受益方之间的权责关系，欧盟在最终拨款的结算环节，可以根据受益方经费使用的具体情况，视必要性和重要性为其超出预算的可补偿成本补齐差额。项目管理员的自由裁量权及其与相关各方的协调工作，是这些管理理念能够得以实现的重要人力和机制保障。

三、经费拨付、担保基金及审计规定

（一）经费拨付方式

FP7 的经费分预付款、中期拨款和最终拨款，拨款比例分别为 60%—

---

① European Commission, *Guide to Financial Issues Relating to FP7 Indirect Actions* (Version 18/03/2013), pp. 9, 89 - 90.

80%、10%—30%和10%。拨款对利息的相关规定体现了其经费管理的细化与严谨，在每次经费支出时，都会将银行账户产生的利息首先扣除，以保证项目款项所产生的利息归入出资方的账下。

1. 先期付款

在项目启动后，欧盟委员会将拨付第一笔项目经费。在项目研究过程中，先期付款只有一次，通常在资助合同生效后的45天内到位。

先期付款拨付给项目负责人之后，由其拨付给相关受益人。先期付款的目的是使受益人在项目执行期的大部分时间里拥有正现金流，尽量减少垫付。当确有需要时，先期付款的数额可以发生变动。如果项目的初始投资数额较大，可以增加经费拨付的比例。对于只有两次以内拨款机会的项目，如果项目的具体情况要求更高的先期付款比例，可根据具体情况向PMO提出申请，以适当提高先期付款数额。

2. 担保基金（guarantee fund）

在FP7中，欧盟建立了担保基金制度，取代了FP6实行的集体财务责任制。欧盟实行担保基金制度的主要目的，是为了避免项目研究期间欧盟与项目参与人可能面临的财务风险。在实际执行中，项目担保基金是一种项目参与人承保的保险合同，用来担保项目研究过程中可能产生的财务损失。欧盟规定，FP7的项目参与人，无论预付款比例为多少，都须符合以下限制条件：（1）受益人必须交付担保金。交付的担保金数额为欧盟对该项目总拨款额度的5%。（2）担保金由项目委员会从项目预付款中扣除，但其所有权仍然属于项目参与人，担保金产生的银行利息用来弥补某些项目参与人因未能履行责任而造成的损失。在项目结束后，这笔担保金将返还给项目参与人。如果在结算时担保金利息不能弥补相应的损失，则将从该项目担保金中适当扣除部分款项，但是扣除款项的总额不能超过项目资助总额的1%。

3. 中期拨款

在项目中期报告通过检查评估后，在接受项目报告的105天内，委员会需要支付相应的款项，即中期拨款。中期拨款的次数取决于中期检查的次数，拨款经费额度则取决于资助经费总额。一般而言，中期拨款经费与预付款经费之和不能超过资助总额的90%。

预付款产生的利息应从中期拨款中扣除，即实际支付的中期拨款应在原先的基础上减去预付款在每个报告期产生的利息。转移到担保金里的拨款金额被认定为前期融资的一部分。比如，一个项目的最大拨款额为300万欧元，预付款额为160万欧元，产生的利息为2万欧元，中期拨款额应为100万欧元。那么，欧盟的中期拨款额度则为100万欧元扣除前期融资产生的2万欧元利息，最终的应付款项为98万欧元。中期报告的拨款额度得到批准后，欧盟将向受款人支付相应款项。具体应支付款项的计算是在合理成本及相应支付率的基础上进行的。

4. 最终拨款

最终拨款将在终期报告得到欧盟批准后支付，其金额为基于合理成本的拨款总额减去已支付的金额。在项目结项报告通过学术与财务评估之后，最后一笔经费会划拨给项目负责人。按照欧盟惯例，最终拨款一般占总资助金额的10%。在不超过最大拨款金额限制的基础上，如果受益人实际支付的成本超过了欧盟拨款的总额，欧盟可以视其必要性和重要性补齐差额。

（二）财务审计及控制机制

按照规定，在项目实施过程中和项目结束后5年内，欧盟委员会或欧洲审计院应当安排财务审计活动，对与财务管理、账目系统、会计和管理原则相关的内容进行审查。为保证项目经费的严格管理与合理使用，财务票据的原件和电子文件需在项目结束后保管5年。

1. 财务报告制度

对于财务进度报告，项目团队须提交包括预付款的可补偿成本、资金利息，以及与间接成本相关的活动支出票据等资金使用证明文件，并提供经正式认证合格、符合 FP7 资金管理与活动执行办法的财务报表。公共部门、研究机构、初高中教育机构的财务报表，应委托具有资质的公务人员提供。含有自筹经费的受资助项目，结项时须提供全部资金的使用情况证明文件及财务报表。① 对于跨年度的项目，要提供多份财政年度的财务报表。以统一费率支付的间接成本经费，不必提供财务报表。

2. 财务审计

执行审计的部门为：(1) 欧盟委员会机构或任何合适的权威代表，包括由委员会指定的外部审计员。(2) 欧洲审计法庭的机构或任何适合的权威代表。②

为了对项目及协议的管理和执行是否恰当进行完整、真实、公平的验证，项目受益人需要做好以下几个方面的准备：(1) 保留原始文件资料。将接收的原件和创建的文档按不同的原则归档，在特殊情况下，如符合国家法律规定，也可使用有效复印件。以书面形式接受和建立的文件应保留原始书面文件；以电子形式接受和建立的文件需保留原始电子文件。原始电子文件不需要保留纸质本。在相关国家权威部门或法律允许受益人可以不保留原件的情况下，采用适当的有效复印件。(2) 受益人需确保委员会服务机构或经权威认证的外部实体，在任何恰当的时间，尤其是在项目进行或完成期间，能够对受益人所在部门的电脑数据、会计数据、审计数据、薪酬记录等进行即时验证。(3) 受益人的所有详细数据都能被委员会随时便捷地查阅和利用。(4) 确保委员会及欧洲审计法院的审计权力，使他们有权对任何得到成本补偿的第三方进行审计和控制。确保委员会有权随访正在为 FP7 项目工作或已完成工作的员工。

在审计结束后，审计部门将起草一份审计报告并送交被审计的项目团队。收到审计报告后的一个月内，项目团队可以提出异议。一个月后，项

---

① The European Parliament and the Council of European Union, "FP7 Rules for Participation (Regulation (EC) No 1906/2006 of the European Parliament and of the Council of 18 December 2006)", *Official Journal of the European Union*, December 30, 2006, p. 13.

② European Commission, *Guide to Financial Issues Relating to FP7 Indirect Actions* (Version 18/03/2013), p. 97.

目委员会将不再考虑项目团队的异议或意见。最终的审计报告将在截止日期之前的两个月内提交。在审计结果的基础上，项目委员会决定是否恢复拨款、采取追索款项的行动或启动违约清算条款。

审计结束后，委员会服务机构会在最终报告中指出受益人被检查出的可能错误。若结项财务报告数据中存在与账目系统不一致的内容，外部审计员（esternal auditor）需要对二者之间的差值以财务证明的方式提供，并接受委员会的进一步确认。若存在第三方国家，当仍以欧盟年度账目审计第2006/43号法令和本国相关法律法规为准。审计员的独立性体现为：首先，其派送机关为公共部门；其次，未参加财务报表（C表）的制定过程，与财务报告负责人无隶属关系。审计的重点是财务证明文件所体现出的方法学和宏观记账系统，尽量省略对单个人员的数据计算，除非这一计算会影响方法学的科学性。① 当受款人存在系统性的同类错误，且附有最终审计报告相关结论时，受益人需申请查看审计调查结果，并在给定的截止日期内通过重新提交所有被审计参与实体财务报表的方式，纠正FP7项目中的所有错误。这些被重新提交的财务报表应被计入审计的结果。如果受益人不重新提交，委员会可以推迟对受益人的拨款，直到受益人重新提交成本报表，并通过委员会的重新审计为止。

3. 违约金赔偿制

当项目委员会审计发现存在过度花费项目资金或接受不合理的项目拨款的情况时，欧盟委员会将申请启动违约赔偿金制度，向该项目团队追索赔偿金，索赔清算损失。“过度”指实际发生的支出超出预算，可能是拨款协议的表述含糊或对拨款协议的误解、曲解造成的。

由于违约赔偿金的数额与欧盟资助金额有以下公式关系，即：

违约赔偿金（或称“清算损失总额”）÷不合理的财务拨款＝过

① European Commission, *Guide to Financial Issues Relating to FP7 Indirect Actions*, March 18, 2013, http://ec.europa.eu/research/participants/data/ref/fp7/89556/Financial_Guidelines_2013_clean_version_en.pdf, [2015-02-20], pp. 4, 15, 24.

度支出总额÷某阶段欧盟财务拨款总额

因此，违约赔偿金的计算方式为：

违约赔偿金=不合理的财务拨款×（过度支出总额/某阶段欧盟资助总额）①

同时，项目团队还须向项目委员会上交不合理的资助金额。所以，如果项目支出过程中存在不正当行为，则赔偿总额为：不合理的财务拨款与违约赔偿金之和，即：

不合理的资助金额×（1+夸大的支出总额/某阶段欧盟资助总额）

也就是说，如果项目团队在支出过程中出现虚报或夸大的情况，赔偿金额将是在归还不合理资助金额的同时，增加过度支出部分所占总经费的百分比。

为了遵循反驳原则，在要求受款人赔偿时，欧盟需提交受益人一份书面通知。在一些特殊情况下，委员会不会向受款人索赔清算损失。这些特殊的情况包括：（1）项目期结束提交财务报表时，与支付最终拨款前委员会对过度花费进行纠正时，受益人不被要求赔偿不合理的财务拨款。（2）委员会在项目期结束时提交财务报表后，受益人对财务报表进行“自主”修改的情况。当受益人“自主”修改之前的财务报表时，通常不索赔清算损失。然而，如果在委员会支付拨款后发现存在过度花费，将会索赔清算损失。在审计结果宣布之后，受益人对财务报表进行的修改不视为“自主”修改。（3）在对一个特定项目进行审计之后，受益人“自主”对其他

① European Commission, *Guide to Financial Issues Relating to FP7 Indirect Actions*, p. 101.

项目框架内的成本进行修改。在这种情况下，委员会不申请清算损失。①

该违约金赔偿制度充分体现了欧盟对项目经费的使用原则，若有不合理支出，项目团队将得不偿失，从而以经费管理办法的规制性权力，规范项目研究团队的支出行为。同时，也正因为有较为明晰的赔偿措施，项目负责人在申报项目的开端，就要做切实的预算设计，通过多方询价、货比三家、风险预估等方式，制定出既符合财务规范，又具有一定程度灵活性的合理预算，尽量使项目开展不因预算设计的疏忽而受到限制。受益人若主动修改错误的财务报表，则不进行经济惩罚的规定，给了受益人悔过的机会。但在以上两种情况下，受益人在违反财务规定起的两年内，不能接受任何欧盟拨款。

4. 罚款措施

对于无法履行合同义务的项目团队，欧盟委员会将在首先扣除项目受益人违约赔偿金的基础上，向项目团队处以项目资助总金额 2%—10% 的罚款。罚款数额是一个数值区间，其具体数额将由欧盟委员会根据违约情形做出具体决定。如果在第一次处罚后的 5 年内再次违约，罚款金额会翻一番，处以总资助金额 4%—20% 的罚款。此外，若项目团队在研究过程中做出任何虚假声明，受益人在违约之日起最长 2 年的时间内，可视其违约程度进行相应处罚，直至返还所有欧盟资助的经费。②

欧盟 FP7 项目严明具体的惩罚措施，对于项目受益人形成了外来的压力和约束，在经费拨付、担保基金和审计规定详尽可行的情况下，项目受益人不仅要在规定时间内产出符合要求的创新成果，而且要遵循财务规则完成财务审计方面的要求。在这样的情况下，学术和财务的管理往往需要专门的管理人员及管理团队，而相应的管理活动支出则属于间接成本的范畴，这不仅使项目管理团队具有更多的创新能动性，而且将项目管理理念

① European Commission, *Guide to Financial Issues Relating to FP7 Indirect Actions*, p. 102.

② European Commission, *Guide to Financial Issues Relating to FP7 Indirect Actions*, March 18, 2013, http://ec.europa.eu/research/participants/data/ref/fp7/89556/Financial_ Guidelines_ 2013_ clean_ version_ en.pdf, [2015-02-20], p. 102.

本身的传承和优化作为一门学问进行研究，使项目管理成熟度有了提升的空间，赋予项目“全过程”以鲜活的生命力。

四、欧盟框架项目管理体系与理念评析

管理学作为一门独立的学科，历经百年的发展，已成为政治学、法学、心理学、生态学、运筹学等多种学科相互交叉、渗透的综合性学科。中国宋代司马光执笔的《资治通鉴》到法国启蒙思想家卢梭撰写的《社会契约论》，都蕴含着丰富的管理思想。历经了以威尔逊（W. Wilson）为代表的行为科学时期，费雷德里克森（H. Frederickson）为代表的新公共行政时期，德鲁克（P. Drucker）为代表的新公共管理时期和以登哈特（R. Denhardt）为代表的新公共服务时期，经由罗森布鲁姆（D. Rosenbloom）总结为多元公共管理理论，其发展过程表现出从生理向心理、从单科向多科、从政治权威向经济权威、从多元制衡到市场自主、从公共利益到公私合作的转换和过渡。[①]

在中国，管理的多元化途径研究起步相对较晚，对于项目管理缺乏系统性训练和学习，这是造成中国人参与的国际合作项目申报、管理和评估进程不畅的主要原因。近年来，随着中国国内对人文社会科学的重视程度日增，社科研究项目的重要性逐渐得到社会认同，尤其是包含国际元素的合作项目，更是受到人文社科界的重视和好评。

欧盟委员会作为科研经费的提供者，设立了专门的下属机构对项目执行及经费使用进行监管，包括设立高级审议机构对科研项目进行总体战略指导，设立执行委员会对科研项目进行协调，执行委员会又下设项目办公室对项目进程进行监管等。此外，欧盟委员会还针对科研项目的进程制订了严格的计划，包括制订计划、论证方案、项目评估、财务预算、项目实施和绩效评估六个阶段。欧盟委员会只对符合条件的合理成本进行拨款，

---

① 丁煌：《西方行政学说史（修订版）》，武汉大学出版社 2007 年版，第 441—443 页。

并制定合理成本的最高资助上限，以控制科研经费的拨付，防止受益人滥用科研经费。另外，FP7 科研经费有一次性拨付、按比例拨付和两种方式相结合三种拨付方式。对于非一次性拨付的经费，欧盟委员会的拨款程序分为先期付款、中期拨款和最终拨款三个环节。欧盟委员会在科研项目执行期间，直到项目结束后的 5 年内，除可组织对项目进行财务审计外，还会对项目进行技术审计，包括项目工作计划的完成程度，成果的实现程度，技术、工业、艺术方面的潜在突破关系，与经济、效率、效益原则的一致程度，项目管理程序和方式，受益人的贡献，项目对经济社会和国际竞争力的潜在影响，以及研究成果的使用和传播等。对于违反拨款协议的受益人，欧盟会进行经济惩罚。

综合而言，欧盟项目的管理体制与理念具有以下可借鉴的特点：

（一）设立协调和监管科研项目的岗位

国际合作项目经费的管理具有教育人文类经济援助的性质，尽管不涉及附加条件，但其对学术水准和财务管理的结项要求，使得设立专门的机构和人员进行统一监管成为必要，这样不仅能够避免重复立项、多头申请等问题，而且可以根据现实需求，有针对性地对社科创新知识进行征集。国内的社科研究项目包括横向和纵向课题，不同类别的项目有不同的征集单位，项目管理、协调和服务可交付相应的管理机构，具体为：（1）项目总部下设审议机构，评估科研项目的申报、决定立项与否。（2）与审议机构平级设立执行部门，对审议机构的工作进行监督，并对各个科研项目进行协调。（3）执行部门下设项目管理办公室（PMO），负责对科研项目的进程进行监督管理，如学术研究成果的质量和科研经费的使用效率。（4）在设立以上机构的同时，赋予每一类项目较为固定的项目管理员，并将“全过程”跟踪式管理职责赋予该项目管理员，不定期举行工作会议，反馈项目开展过程中出现的问题和成绩，必要时可以与项目受益人举行圆桌研讨会，组织优秀项目成果的经验交流活动等。

（二）增加预算和经费管理培训与指导

从中国国内各省（市、自治区、直辖市）的社科研究项目管理情况来看，一般由各单位科研处负责发布项目招标、中期考核和结项通知，并负责与项目招标方和申请人之间协调联系。财务处负责对科研经费的具体管理，但项目申请书中的预算填报，则在大多数情况下由项目负责人和研究团队自主完成。然而，由于项目申请人缺乏财务或审计专业知识，在项目论证时注重学术内容，往往忽视预算设置的合理性，也很少有研究人员真正进行货比三家的询价努力，从而导致预算设置充满不确定性，项目经费的设置和花销往往以能否较为便捷地报销物质资料（如办公用品、餐费、交通费等）为原则，对于如何设置预算、采购什么能够促使研究产出更多更好的科研成果，往往投入的精力不够。

近年来，更为严格的审计和财务改革，使项目研究人员开始重视项目预算设置的合理性，对于项目经费的支出要求和财务规范，也更加审慎和严谨，但同时也带来了很多不满的声音，认为更为严格的财务报销程序使得项目经费花不出去，项目报销的复杂流程占用了大量的财力、物力和精力。很多学者开始抵触项目申报，认为埋头做研究、争取多发表些成果就可以了，不必费力去参与竞争性项目的申报。这与在项目框架下开展社科研究创新的初衷是相悖离的。

对于科研经费的花销，在现实操作中存在多种解读。有的人认为，项目是对学者已有研究的承认，对于有坚实基础和丰富经验的专家，就应当一次性赠予项目经费，不需采用报销的繁琐方式。这种理解强调了研究者个人的劳动付出，认为项目框架下的各项经费，大多支出是针对“物”，而不是针对“人”的。项目研究人员因本身已有工资而不能从项目中领取薪酬或劳务费的原则，在很大程度上降低了参与者的积极性。欧美社科研究项目的经费支出方式在这一方面是有共性的，所谓的经费包干制实际上就是对研究者个人参与项目研究的直接成本补偿，因此界定项目研究人员为项目研究付出了多少劳动，需要充分且详实的证明。也就是说，目前的人员薪酬，并不是不能支付给研究团队成员，而是很多项目负责人在项目设计的初始阶段，并没有为参与项目研究的团队成员究竟如何分工、需要达到多少工作量，进行具体的计划和核算。这种情况不仅在人员薪酬预算项目中出现，在办公经费、交通费、会议费、宣传费等各项支出项目中，都存在盲目设置预算的情况。

这一现象本身并不是科研单位或研究者个人主观故意造成的，而是大多数人对有关项目研究成果产出与预算及支出之间如何建立有机联系的知识空白与能力缺失所致，需要对社科项目研究的利益相关各方进行能力建设，对项目的“全过程”管理建立高效有序的培训指导、交流机制和信用体系。

1. 项目培训交流机制

项目管理的“全过程”实际上是一个充满风险的过程，社科研究申请时需要验证的假设，是需要通过实证搜集到的足够证明资料进行支撑的，但如果项目研究人员本身采用的不是社会科学研究方法，而是以逻辑思辨的方式呈现自己的所思所想，那么这样的研究目标本身是无法以可测量的方式进行评估的，因此在项目初审阶段，从严格意义上来讲，此类项目是难以立项的。

那么，对于采用科学研究方法、过后能够以可测量的指标进行评估的研究，其开展过程就应围绕所提出的核心研究问题、基于已有文献提出的创新性研究假设，通过案例分析、文本分析、访谈问卷等方式，尝试搜集能够回答相应问题的资料。[①] 但其结论在多大程度上能够出色地回答项目研究问题，则需通过同行评议的评审，才能加以了解。这其中往往会出现“仁者见仁、智者见智”的分歧和差异，也会影响项目目标的实现。

社科研究项目的成功申报和完成，是需要克服各种不确定性才能实现的。而对于成功地防范或化解了风险的项目实践，管理部门和专业人员需

① Lisa A. Baglione, *Writing a Research Paper in Political Science: A Practical Guide to Inquiry, Structure, and Methods*, California: Thomson Wadsworth, 2007, pp. 1 – 157.

要进行信息搜集，并为即将开展项目研究和管理的后来人提供可资借鉴的经验或“最佳实践”。因此，应当设立必要的培训和交流机制。而要设立这样的机制，应当从项目招标总部预留出一定的经费，各单位科研管理部门也应有一定金额的科研管理经费，用于推动项目管理成熟度提升的公共培训与交流平台的设立、维护和组织、管理当中。科研管理人员也应当就项目学术与财务管理相关机制开展研究，尝试申报与一线实践密切相关的项目，并在项目框架下设计更能提升管理成熟度的研究框架，开展以项目研究人员为主体的交流活动，以增进管理者、研究者和研究对象之间的协同合作。

2. 项目管理信用体系

在项目“全过程”管理各环节衔接有序、培训与交流机制确保透明度的基础上，社科管理人员应当通过“自下而上”与“自上而下”双向结合的方式，建立以项目研究人员为主体的信用体系。该体系可以与项目申报软件系统相连通，并可供所有项目研究人员、潜在申报人员以及各层面项目管理人员随时查阅，既包含已经完成的社科研究项目学术与经费评估情况，也包含个人履历、学术交流和科研成果，并进一步结合科研项目经费管理办法，将经费使用情况录入数据库。这样一来，研究人员不仅在项目报销的结项环节受到科研管理和财务管理人员的监督，而且在项目管理信用体系中受到同行研究人员和管理人员的实时监督，有利于提升项目研究人员参与项目研究时的预算管理意识。管理人员还可基于该信用体系，不定期推荐优秀项目研究和管理人员与各方进行经验交流，使项目管理的“最佳实践”在日常管理中得到推广和内化，减少研究人员对财务和审计改革的恐惧心理，在掌握相关专业技术的情况下，有针对性地申报适合自己、能够完成、风险小、成效大的社科研究项目。

正如课堂教学、社科研究本身需要不断交流、激发思想火花一样，社科项目中学术交流活动的设计、研究方法和研究对象的选择、研究进程中不断出现的新问题，都有待于研究人员和管理人员进行沟通。建立培训机制和信用体系，有助于“大家帮大家”的学术研究氛围的形成，也有利于提高科研立项率，更有助于研究人员和管理人员彼此了解对方在项目研究中所付出的劳动量与有待于改进和调整的研究和工作方法，使社科研究项目这一将隐性知识向显性知识转化的“知识管理”（Knowledge Management，KM）生命循环不断得以优化，产出更有利于解决现实重大问题的优秀科研成果。

3. 项目融资机制创新

从更为宏观的层面来看，社科项目资金的来源，很多时候也会困扰社科招标单位。按照欧盟委员会“有关风险共担融资工具（Risk-Sharing Finance Facility，RSFF）中期评估独立专家组构成的决议”和“有关修正 C（2010）6 决议的决定”两个法律文件，欧委会在 2010 年成立了一个独立专家组，对于 2007 年引入 FP7 的 RSFF 运行情况及成效进行评估。2010 年 7 月，专家组向欧委会提交了评估报告，认为在该工具推出后的前 3 年，RSFF 被证实是一个解决欧洲研发创新（Research Development Innovation，RDI）债务融资的有效工具，能够使风险分担到研究主体，有利于增强相关主体的风险意识和责任意识。

在 2007 年 FP7 刚刚投入运行的时候，很少有人预料到随后的金融危机。在 2008—2009 年金融危机最严重的时期，由于研发创新自身的不确定性，很多投资并不能得到预期回报。但 RSFF 采用债权融资方式，2013 年 FP7 结束时，为欧洲提供了高达 100 亿欧元的融资，欧洲投资银行（European Investment Bank，EIB，资金来自银行自身储备）和欧洲理事会（European Council，EC，资金来源于 FP7 经费）分别向 RSFF 出资 10 亿欧元，且共担风险，支持 FP7 涵盖的各行业和成员国的研发活动，改变了完全由政府单方面拨款的方式，拓宽了融资渠道，为中小企业提供了金融贷款支持，是对欧盟框架项目、欧洲投资基金（European Investment Fund，EIF）股权投资和企业现金流等传统 RDI 融资手段的有益补充。此外，RSFF 还具备双重杠杆效应：能够为严重依赖拨款的研究活动提供使用债务融资的可能；帮助私人资本投资者保持与RDI融资及其他风险性创新活动的联系。[①] 基于RSFF的良好运行效果，欧盟在“地平线2020”计划中将继续使用这一融资工具，并扩大其规模和覆盖面。[②]

将债权融资的方式纳入社科研究经费来源，突破了原有仅由政府财政划拨、纳入私人资本的公私合作机制（public-private partnerships，PPPs）。社会资本的融入，会使项目研究的成果与现实的结合更为紧密，也会扩充社科研究人员获得“正外部性”补偿的渠道。从中国地方社科研究的现状来看，采用这种融资方式的条件尚不成熟，但欧盟作为在这一领域的开拓者，鉴于其已有的应对资金不足的经验，也可以考虑在社科项目资金的来源方面，开拓更多的融资渠道，以充实国家资金投入。

（三）软权力的双向提升：作用与反作用

以项目为基础的合作（PBA）是一种服务于受资助国家发展战略的合作方式，它要求资助方必须尊重受资助国家的发展战略，以受资助国家为主导，通过双方协调，完成报表呈递、预算调整、财务管理和政府采购等一系列项目管理必经的程序。其最重要的特点是主动采用受资助国家的社会体系，包括文化理念和习俗惯例。这就使合作奠定在良好的互谅基础上，为互利共赢奠定了思想和社会基础，提高了项目的可操作性。

致力于在2010年前使欧盟成为“以知识为基础、世界上最具竞争力的经济体”的“里斯本战略”（Lisbon Strategy），是2000年3月欧盟15国领导人在里斯本特别首脑会议上达成的十年经济发展规划，是欧洲高等教育一体化进程中的重要里程碑，被誉为事关欧盟男女老幼的“真正的革

---

① Commission of the European Communities, *Mid-Term Evaluation of the Risk-Sharing Financial Facility (RSFF): Final Draft of the Group of Independent Experts*, July 31, 2010, http://ec.europa.eu/research/evaluations/pdf/archive/other_reports_studies_and_documents/mid-term_evaluation_of_the_risk-sharing_financial_facility_(rsff)_-_expert_group_report.pdf, pp. 1-62.

② 谭启平：《〈欧盟研究、技术开发及示范活动第七框架计划〉及其参考借鉴价值》，《科技与法律》2014年第4期，第656、662—665页。

命”。[①] 为实现“里斯本战略”的目标，欧盟提出了由研究、教育与创新构成的“知识三角”（Knowledge Triangle），[②] 继而推出了致力于研究与技术进步的第七框架项目（FP7，2007－2013），资助金额逾500亿欧元。[③]

应当承认，与欧盟进行合作的过程也是中国逐步加入国际制度的过程，是一个不断发现自身不足、弥补自身缺失的过程。吸收外来教育援助的合作本身也是一把双刃剑，这其中既有机遇，也有挑战。据统计，在第二次世界大战结束后的60年间，中国是世界上最大的受援国之一。中国接受过来自不同渠道和不同种类的外来援助，从数额上看流入中国的外援远远低于外资，但其影响力却不亚于外资。原因在于，外援活动不限于经济领域，在援助原则和方式中凝聚了援助者的国力、社会力和文化力。[④] 在欧洲一体化进程曲折前行的过程中，通过对外援助提高自身软权力的效果是显而易见的，但中国目前的受援经历不断证明，“以我为主”的中国发展模式不但没有削弱其文化影响力，反而在合作中有利于中国文化元素为欧洲人所知，并成为项目管理人员能否做好协调工作的重要指标。在这样的情况下，软权力的提升是双向的。

（四）基于现实问题的研究：投入与产出

在欧盟对“项目”一词的界定中，有这样一个要素：确保投入大于可见产出。正是在这一理念指导下，欧盟不断推出了7个框架项目，并将科研、教育、培训看作是欧洲一体化建设进程中不可缺少的维度。2007年12月，欧盟各国领导人在葡萄牙首都里斯本正式签署《里斯本条约（Treaty of Lisbon）》。《里斯本条约》是在原《欧盟宪法条约》的基础上修改而成

---

① 王雪梅：《背景资料：欧盟“里斯本战略”》，新华网，2006年3月25日，http：//news.sohu.com/20060325/n242466433.shtml，2015年2月11日登录。

② European Commission, *Understanding the 7th Framework Programme*, October 18, 2006, http：//ec.europa.eu/research/fp7/index_en.cfm? pg = understanding，［2015－02－11］.

③ Community Research of European Commission, *FP7 in Brief: A Pocket Guide for Newcomers*, Luxembourg: Office for Official Publications of the European Communities, 2007, p.6.

④ 周弘、张浚、张敏：《外援与发展：以中国的受援经验为例》，《欧洲研究》2007年第2期，第1页。

的，又被称为“简化版欧盟宪法条约”。条约交由各成员国批准后，在2009年1月生效。至此，欧盟结束了马拉松式的制宪进程，欧洲一体化建设翻开了崭新的一页。在这一进程中，能够在持续不懈的努力中促进一体化理念推广开来的，正是教育。① 可见，欧盟是较早发现社科研究及其转化重要性的地区之一。社会科学的高投入可以创造出超值的高产出。

项目的投入与产出之间存在着一定的数量关系。科学研究的基本假设可以理解为是一个函数 $y = f(x)$，其中 y 是因变量、是结果，x 是自变量、是原因。从事一项社会科学研究，必须要有好的理由，既不能为研究而研究，也不能急功近利。最重要的也是最困难的一步，是确定研究的问题。好的研究问题不是凭空产生的，而是在了解前人研究的基础上，通过对社会现象的认真观察和综合分析得出的。比如，澄清不同文化在某个问题上观点之间的不同，比较它们所带来的影响和结果（而不是比较优劣），就是一个值得研究的问题。在财力允许的范围内，具有社会意义的现实选题投入越大，风险越小，产出越高。由于社科知识的特殊性，项目研究成果还能够带来难以直接量化的社会影响和思想变革，这种精神附加值是对项目投入的超值回报。

20世纪60年代初，美国管理学教授德鲁克首先提出了知识工作者和知识管理的概念，指出我们正在进入知识社会，在这个社会中最基本的经济资源不再是资本、自然资源和劳动力，而是知识，知识工作者将发挥主要作用。知识管理的基本精神是通过知识分享（Knowledge Sharing，KS），使组织和个人得以进步。传统意义上的信息并不代表知识，只有通过有效的管理使知识得以分享，才能使各种形式的知识最终转变为现实生产力。② 据美国大学技术管理协会（AUTM）的资料显示，至2005年，美国全国

① Heiko Walkenhorst, “The Changing Role of EU Education Policy—a Critical Assessment”, *Paper for the EUSA Ninth Biennial International Conference held on March 31-April 2, 2005. Austin, Texas*, Department of Government University of Essex UK, p. 2.

② Peter F. Drucker, *Harvard Business Review on Knowledge Management*, Harvard Business School Press, 1998, p. 1.

3376所大学的科研成果创造了高达335亿美元的经济效益。[①] 平均每所院校每年创造的经济效益近1000万美元。根据《2006财政年度美国大学基金情况调查报告》，2006财政年度哈佛大学基金以289亿美元位居全美高校首位。[②] 从这个意义上讲，人文社科研究项目的价值并不仅限于预算表格中的货币数字，而更多体现在其研究成果对社会带来的影响力，这种影响力是观念性的，对各项社会事业起到指导作用。

正是由于这个原因，联合国组织越来越重视发展援助中的智力投资。2002年在蒙特利尔举行的联合国发展融资峰会上，双边和多边基金会组织达成协议，共同致力于增强基金投入的有效性。这一理念于2003年罗马"资助协调高层论坛"（Harmonization in Rome）上被进一步强化。2005年3月，在巴黎高层论坛上通过的《巴黎宣言》，[③] 制定了更具体的目标，比如通过收集基础数据使指标更明确、考虑受援国政府采购和财政管理因素等。[④] 经济合作与发展组织（OECD）发展援助委员会"有效资助工作组"将负责《巴黎宣言》的执行及其2010年预定目标的落实。

（五）管理永续发展：方法＋网络＋交流

通过分析欧盟项目的管理体制和理念，我们可以发现三个有利于社科研究永续发展的内容。

1. "方法"可持续

在运用欧盟的管理理念进行项目管理的过程中，对各种管理方法的理解和运用实际上也是一个借鉴的过程。"以项目为基础"的方法，强调尊

---

① 盖浙生：《台湾地区高等教育财政改革刍议》，《教育发展研究》2005年第21期，第13页。

② 查卫平：《哈佛大学基金排名稳居榜首》，《中国教育报》2007年2月5日，第4版。

③ Direction de la coopération pour le développement（DCD-CAD），"The Paris Declaration"，March 2，2005，http：//www. oecd. org/document/18/0，3343，fr_2649_3236398_35401554_1_1_1_1，00. html.

④ Linda Lönnqvist：《援助协调：公民社会面临的挑战》，《国际NGO培训研究中心简报（INTRAC）》2006年5月1日第33期，第4页。

重被资助国家发展战略，“逻辑框架”运用的详细计划及逻辑推理过程、“行动预算”中的预算与排程方法、“标杆比较”中的最佳实践与主动监控、“循环管理”中的生命循环理念，都是使合作项目能够顺利发展和有效执行的重要理念保证。

2. “网络”可持续

这里的网络一方面是指由项目支持所建立的门户网站，另一方面是通过项目建立的包含研究人员、政府官员、企业经理及所有项目受益人的联系网络。门户网站是重要的信息平台，可以作为研究问题进展的动态显示工具，不断更新学者最新研究成果和相关学术活动。人员的联系网络是另外一种形式的人力资源库，对未来进行业务咨询、联合研究、学术交流而言都是重要的人力储备。

3. “交流”可持续

项目的结束意味着交流的开始。组织机构之间的学术交流、教师与学生之间的知识交流、学者团队之间的经验交流、项目成员之间的成果交流、管理人员之间的总结交流等，都为新合作的开展打下了基础，为新管理“途径”和新“网络”资源开辟了新路径。

（六）结论

综上，若能将社会科学项目管理的业务知识与理论归纳有机地结合起来，通过专门的管理团队密切关注项目受益人的动态管理进程，实时掌握项目发展趋势，收集相关案例数据，确定某一具体业务的“最佳实践”，并通过工作简报、圆桌研讨、培训课程的方式，参与 FP7 项目资助总目标相关的研究和管理进程，与利益相关各方沟通交流，则可以实现逐步优化的效果，使项目管理成熟度不断得以提升。

人文社科研究需要国际合作，更需要有国际视野和洞察力的学者及管理人才。随着中国经济发展水平的提高和对人文社会科学的重视，相信在未来的国际合作研究领域中，更多的中国学者会活跃在国际舞台上；在项目规则的制定过程中，会有更多中国管理者的主张和建议被采纳。这不仅是应对知识爆炸时代的策略，更是应对全球性问题的战略性选择。

（本文一部分发表于《中国社会科学研究生院学报》2009年第1期）

第四章　韩国在教育领域的项目管理创新

> 教育不是灌满一桶水，而是点燃一把火。
>
> ——谢和平

韩国与中国的近现代高等教育都发端于19世纪中后期，但韩国在15年的时间内发展成为高等教育强国，成为当时世界上第一个实现高等教育普及化的发展中国家，为韩国崛起为“亚洲四小龙”奠定了坚实基础。在20世纪70—80年代社会转型的过程中，韩国采取了“面向国家重大需求”的高等教育战略，实现了重工业领域的飞速发展，这是立足本土的“内生转换性”变革。BK21项目将高校研究联盟的协同思路、官产学研媒合作的知行理念及大学国际化的大胆试验，融入了高等教育公共部门与知识创新个体达成的公私合作项目框架中，为韩国高等教育注入了“外生转换性”变革元素。内外驱动力的联动，源于韩国高等教育领域一线社会实践者与大学知识创新者的公私供求均衡。

2010年，联合国教科文组织官员、澳大利亚科学与工业研究组织执行主任詹姆斯·慕迪（James Bradfield Moody）在《第六次创新浪潮：资源稀缺世界中的新模式与新机遇》一书中提出，当前全球正在出现发达国家向发展中国家投资可再生能源与技术的第六次创新浪潮。[①] 与这一全新的创新浪潮相呼应的，将是思想领域的重大转变以及教育科研领域的体制革新。发展中国家在这一过程中，通过对产业结构的自我甄别，[②] 也会将教育作为具备潜力，且可以通过习得取得明显进步的行业，着力培育。

高等教育大发展是一国经济大发展的前提和基础。1962 年，日本神户大学教授、著名科学史家汤浅光朝对 16—20 世纪的重大科学成果做了统计学定量分析，将凡是重大科学成果数超过同期世界 25% 的国家称为“科学活动中心”，认为近代自然科学产生以来，世界科学中心分别位于意大利（1540—1610 年）、英国（1660—1730 年）、法国（1770—1830 年）、德国（1810—1920 年）和美国（1920 年至今），平均周期为 60—80 年，此即世界科学中心转移的“汤浅现象”。[③] 世界高等教育中心的形成和转移在先，世界科学活动中心的形成和转移居中，世界经济中心的形成和转移殿后。[④] 也就是说，世界经济中心、世界科学活动中心以及世界高等教育中心之间，具有密切的关联性，而这也决定了全球范围内就能否成为三个中心展开的激烈竞争。

---

① James Bradfield Moody, Bianca Nogrady, *The Sixth Wave: How to Succeed in a Resource-Limited World*, Sydney: Vintage Books, 2010. 世界已经历的五次创新浪潮分别是：1780—1848 年的水利与蒸汽动力创新、1848—1895 年的铁路创新、1895—1940 年的电气化和化学创新、1941—1979 年的汽车与石油化工创新、1980—2009 年的信息与通信技术创新。参见 Chris Freeman, Francisco Louçã, *As Time Goes By: From the Industrial Revolutions to the Information Revolution*, Oxford: Oxford University Press, 2002; Harold Linstone, “Corporate Planning, Forecasting and the Long Wave”, *Futures*, Vol. 34, 2002, pp. 317 - 336; Joseph A. Schumpeter, *The Theory of Economic Development: An Inquiry into Profits, Capital, Credit, Interest, and the Business Cycle*, Redvers Opie, (John E. Elliot, trans.), New Brunswick, London: Transaction Publishers, 1983。

② 林毅夫著，苏剑译：《新结构经济学：反思经济发展与政策的理论框架》，北京大学出版社 2012 年版，第 136 页。

③ ［日］汤浅光朝著，张利华译：《解说科学文化史年表》，科学普及出版社 1984 年版，第 89 页。

④ 程耿东：《世界科技、经济中心的转移及留给我们的思考》，《科学中国人》2003 年第 6 期，第 18 页。

第一节　韩国建设世界一流大学的 BK21 项目

韩国跟中国的近现代高等教育都发端于 19 世纪中后期，但韩国仅用了 15 年时间就发展为高等教育强国，为其崛起为“亚洲四小龙”奠定了坚实的基础。[①] 华中科技大学校长李培根院士认为，高等教育强国的评价指标包括：入学率超过 50%、人均 GDP 超过 2 万美元、公共教育支出占 GDP 比例 4% 以上、拥有一批世界一流大学、能够吸引世界范围内的优秀学生。[②] 高等教育强国是一个相对的概念，可以解释为通过发展高等教育使国家强大。[③] 在回答如何通过发展高等教育使国家强大这一问题时，韩国采取了“面向国家重大需求”的高等教育发展战略。韩国在重工业发展达至顶峰之后，则通过国内主动改革、推动国际交流和高等教育国际化的方式，将内在和外在动力有机结合起来，将国家对高等教育发展这一公益需求水平，与潜在的私有行为体的供给能力，进行潜移默化、细致入微的整合，将其全国范围内的宏观高等教育知识管理目标，在构建“世界一流大学”的概念框架下，分解给具有内在创新动力、以知识产权方式体现出来的创新个体，通过国家宏观高等教育公共政策的引导，将公共资金注入以前沿学科创新知识产出为回报的大学公私合作项目中。

以公私合作的方式开展的高等教育公共治理，与行政指令或产业市场所提供的治理存在很大不同，公私合作是一种兼顾公私需求的制度演化模式，它既有助于规避行政强制的官僚懈怠，又可以激发私有行为体的创新

---

① 蒋平：《中、韩两国高等教育发展之比较：趋同与存异》，《现代教育科学》2010 年第 1 期，第 113 页。

② 江南：《我国高教规模世界第一 但与高教强国还有很大差距》，浙江在线·教育频道，2009 年 10 月 26 日，http://edu.zjol.com.cn/05edu/system/2009/10/26/015965357.shtml，2014 年 11 月 1 日登录。

③ 邬大光等：《高等教育强国的内涵、本质与基本特征》，《中国高教研究》2010 年第 1 期，第 4—10 页。

能动性，既能够保证公共部门提供公益的宏观目标，又可以通过契约和分配机制防止过分私有化和功利主义。然而，相较于原有的“自上而下”的强制治理模式或“自下而上”的市场治理模式，公私合作关系的达成和可持续发展需要比单向管理更多的沟通、号召、感化及磨合，并且对于开展创新行动的个体协调力、公共领导力、管理成熟度都有更高的要求。能够成功开展公私合作项目本身，就是具备基本的项目管理能力的重要体现。韩国在本国的高等教育公私合作道路上已经迈出了成功的一步，为其他亚洲国家和发展中国家树立了典范。

一、公私合作视角中的高等教育改革

1994 年，以美国学者罗西瑙（James N. Rosenau）为代表的 28 名专家组成全球治理委员会（Commission on Global Governance），在《天涯若比邻——全球治理委员会的报告》中这样定义“治理”：治理是各种公共与私有行为体处理共同面临的事务的总和。在这个过程中，需要调和各种利益冲突，从而推动公私行为体的合作。① 1997 年，日本学者星野昭吉在其专著《全球政治学》中，创见性地将“全球治理”界定为国家与非国家行为体、公共与私有行为体、营利与非营利行为体之间的合作，是多层行为体为寻求应对共同挑战策略的创新治理方式。② 这种新的分析框架因其强调非国家行为体和私有行为体的重要性而备受关注。

全球治理的第一类视角可以称为“国家中心治理”，主张国家仍然是全球合作关系的中心。③ 第二类视角主张从新多边主义（neo-multilateral-ism）角度对全球治理进行研究，强调非国家行为体的重要意义，但仍认为

① The Commission on Global Governance, *Our Global Neighbourhood*, Oxford: Oxford University Press, 1995, p. 4；蔡拓、王南林：《全球治理：适应全球化的新的合作模式》，《南开大学学报（哲学社会科学版）》2004 年第 2 期，第 64—70 页。

② Akiyoshi Hoshino, *Prospect for Global Politics: Change, Conflict, Governance and Peace in Globalization*, Tokyo: Teihan Publishing Company, 1997.

③ 张胜军：《全球治理的最新发展和理论动态》，《国外理论动态》2012 年第 10 期，第 24—28 页。

非国家行为体处于周边或从属地位。[①] 全球治理的第三种研究视角关注公益的提供问题，并从成功的治理案例中发现了公益的有效优化，往往取决于公共和私有行为体之间基于各自优势和需求的均衡互动，以及在此基础上达成的对等生产合作关系，或者称之为公私合作关系。公私合作视角可视为第四种全球治理研究视角，为这一研究议程注入了致力于问题解决的主动管理和创新元素。[②]

高等教育和大学知识创新，是全球范围内的公益提供问题。创新过程就是以实践启动的知识生命循环过程，其生命从“发现问题”的实践难题自我呈现开始。其后的分析问题和解决问题过程，是决策部门、大学和研究机构共同完成的，共同致力于实践难题解决的这些行为体互为同行，但目前它们之间大多是相互独立、单打独斗、分兵作战的，很多同类知识信息因缺乏沟通而重复或浪费，不能有效整合。要改变这一现状，需要协同。如何促成协同，是涉及到管理和协调的系统工程。协同的创立维护是一个公益提供的过程，需要通过均衡的公私合作关系达成，使之不断优化和可持续发展。

---

① 吴志军、朱旭：《新多边主义视野下的全球治理》，《南开大学学报（哲学社会科学版）》2012 年第 3 期，第 1—8 页；Robert W. Cox, ed., *The New Realism: Perspectives on Multilateralism and World Order*, New York: United Nations University Press, 1997, p. xxxvii；秦亚青：《多边主义研究：理论与方法》，《世界经济与政治》2001 年第 10 期，第 13 页；［日］星野昭吉著，刘小林译：《全球治理的结构与向度》，《南开大学学报（哲学社会科学版）》2011 年第 3 期，第 1—7 页。

② Paul A. Samuelson, "The Pure Theory of Public Expenditure", *The Review of Economics and Statistics*, Vol. 36, No. 4, 1954, pp. 387 - 389; James M. Buchanan, "An Economic Theory of Clubs", *Economica*, New Series, Vol. 32, No. 125, 1965, pp. 1 - 14; Elinor Ostrom, *Governing the Commons: The Evolution of Institutions for Collective Action*, Cambridge: Cambridge University Press, 1990, p. 30; Inge Kaul, Isabelle Grunberg, Marc A. Stern, "Defining Global Public Goods", *Global Public Goods: International Cooperation in the 21st Century*, New York, Oxford: Oxford University Press, 1999, p. 43；沈满洪、谢慧明：《公共物品问题及其解决思路——公共物品理论文献综述》，《浙江大学学报（人文社会科学版）》2009 年第 6 期，第 135 页；Yochai Benkler, "Coase's Penguin, or, Linux and the Nature of the Firm", *The Yale Law Journal*, Vol. 112, No. 3, 2002, p. 372；［英］达霖·格里姆赛、［澳］莫文·K. 刘易斯，齐邦咨询公司译：《公私合作伙伴关系：基础设施供给和项目融资的全球革命》，中国人民大学出版社 2007 年版，曹远征：《序》，第 3—6 页。

二、韩国高等教育历史回顾

美国教育学者马丁·特罗（Martin Trow）将高等教育的发展以入学率是否达到15%和50%，划分为精英化、大众化和普及化三个阶段。① 1945年，韩国境内仅有一所大学。1948年大韩民国成立之后，1950年高等教育机构的数目为55所，学生为11358人，国民入学率不到1%。1965年，韩国高等教育毛入学率为4.7%，1980年增至14.7%，基本进入了特罗定义中的大众化阶段。② 1995年，该数字大幅提升至52%，用15年的时间就进入了特罗定义中的普及化阶段。此后的1996年和2002年，该数字分别超过60%和80%，大学入学人数增至350多万人。③ 目前，韩国是世界上高等教育入学率最高的国家。④

从特罗的高等教育发展阶段来看，韩国在极短的时间内实现了高等教育普及化，这可以称得上是高等教育发展的奇迹。不仅如此，从衡量高等教育强国的各种指标体系来看，韩国也已称得上是亚洲高等教育强国。⑤

① Martin A. Trow, *Problems in the Transition from Elite to Mass Higher Education*, Carnegie Commission on Higher Education, Paris: OECD, 1973; Martin A. Trow, "Reflections on the Transition from Elite to Mass to Universal Access: Forms and Phases of Higher Education in Modern Societies since WWII", in J. J. F. Forest, P. G. Altbach, *International Handbook of Higher Education*, Berlin: Springer, 2005, pp. 243 – 280, John Brennan, "The Social Role of the Contemporary University: Contradictions, Boundaries and Change" (Center for Higher Education Research and Information), *Ten Years on Changing Higher Education in A Changing World*, Buckingham: The Open University, 2004, pp. 22 – 27.

② 谢作栩：《韩国高等教育大众化的发展历程与特征》，《外国教育研究》2002年第1期，第7页。

③ 金善雄：《韩国高等教育扩张的政治经济学分析》，《现代大学教育》2013年第6期，第14页。

④ 金善雄、李琼浩，韩梦洁译：《韩国高等教育变革：市场竞争和国家角色》，《高等教育研究》2009年第5期，第17页。

⑤ 余玉娴：《韩国高等教育的国际化及其对我国的启示》，《广东教育学院学报》2008年第6期，第56—60页。华东师范大学柴旭东认为，高等教育强国的评价指标包括：世界一流大学的比例及世界地位、高等教育对经济发展的贡献率、对建设创新型国家的贡献率、对社会文化观念的引领作用、对留学生的吸引程度、具有引导作用的先进大学教育理念以及民主、开放和鼓励创新的高等教育管理体制。参见柴旭东：《建设高等教育强国与大学发展战略的选择》，《现代教育科学》2008年第6期，第1—3页。

那么，韩国的高等教育奇迹是怎样实现的呢？有哪些成功要素是值得中国借鉴的呢？

对于韩国高等教育的发展阶段，有学者按照政府更迭情况，将其划分为李承晚政府时期（1948—1960 年）、全斗焕政府时期（1980—1992 年）和金泳三政府时期（1993—1998 年）三个阶段。[①] 有学者按照年代之间的相似性，将其划分为 1948—1960 年、1961—1979 年、80 年代和 90 年代四个阶段。[②] 也有学者按照韩国高等教育的大众化历程特点，将其分为放任自由期、整顿控制期、改革试验期、改革扩充期和自律、多样与特色化时期五个阶段。[③] 无论采用怎样的划分方式，从不同的发展阶段都可以看出以下共同的特点。

（一）公私立大学均衡发展

以私立大学为主体的韩国高等教育，通过立法加以规范化，通过竞争和自治体现独立性。尽管成均馆大学（Sungkyunkwan University）的前身是 1398 年李承挽执政时期建立的培养儒士的成均馆，但学界公认的韩国高等教育起点仍始于现代，是 1886 年美国传教士玛丽·斯克兰顿夫人（Mary F. Scranton）在汉城（2005 年更名为“首尔”）创办的梨花学堂，即韩国著名私立高等学府梨花女子大学的前身。1924 年，日本殖民者在韩国以日本帝国大学模式建立了京城帝国大学（Keijou Imperial University），培养政府官员和专业人员。日本政府将大学看做韩国独立运动的滋生地，因此抑制韩国大学教育发展，使其仅限于少数精英的范围内。[④] 1945 年，韩国从日本殖民统治下解放出来，首先发展的是中小学初等教育。1946 年，参照

---

① 金善雄（Sunwoong Kim）：《韩国高等教育扩张的政治经济学分析》，《现代大学教育》2013 年第 6 期，第 14—23 页。

② 王留栓：《韩国高等教育的主要特征——兼谈韩国发展私立高等教育的经验》，《当代韩国》1997 年第 1 期，第 81—83 页。

③ 黄金珠：《韩国高等教育大众化对浙江高等教育发展启示》，《经营管理者》2010 年第 12 期，第 270—273 页。

④ 金善雄、李琼浩：《韩国高等教育变革：市场竞争和国家角色》，《高等教育研究》2009 年第 5 期，第 18 页。

美国公立大学模式，京城帝国大学被重组为首尔大学（Seoul National University，SNU），成为韩国第一所拥有大学本科和研究生学位教育的现代综合性国立大学，私立高等教育机构也多借鉴美国模式而重组。全国有梨花女子大学（私立）、延世大学（私立）、高丽大学（私立）和汉城大学（Hansung University 建于 1972 年，私立）等 31 所高校。[①] 1945—1950 年李承晚政府时期，由于政府在基础教育领域的投入非常有限，私立高校如雨后春笋般涌现。[②] 1948 年韩国建国时，朝鲜战争期间，一些大学被迁到釜山、光州等市区继续办学，为韩国公立大学系统的建立奠定了基础。1951—1954 年，韩国每个道市的首城至少设立了一所大学。[③] 到 1955 年，韩国共有 71 所高校，其中私立 58 所（占 81.69%）、国立 8 所、公立 5 所。[④]

1961 年春，朴正熙军人政权上台后，颁布了《大学整备方案》，修订了 1949 年《教育法》中有关高等教育的内容，颁布了《大学设置基准令》（1955 年）、《高等学校设置法》（1956 年）、《私立学校法》（1963 年）、《教育振兴法》（1963 年）、《产业教育法》（1963 年）、《大学生定员令》（1965 年）、《学位登记制》（1965 年）、《科学教育法》（1967 年）、《职业训练法》（1968 年）、《引进教授任期制》（1973 年）等法案，强化了政府对高校的管理，为每所大学的每个院系确定录取人数配额（Measure of Effectiveness），教授的任命受到严格控制。[⑤] 与此同时，政府建立了旨在推动高等教育改革的“教育改革审议会”，明确提出大学要开展“面向国家、地区和社会需求”的人才培养和科学研究，加强研究生教育，建立定期评

---

① 王留栓：《中、韩高等教育发展战略比较研究》，《现代教育科学》2003 年第 4 期，第 73 页。

② 王留栓：《韩国高等教育的主要特征——兼谈韩国发展私立高等教育的经验》，《当代韩国》1997 年第 1 期，第 81 页。

③ 金善雄、李琼浩：《韩国高等教育变革：市场竞争和国家角色》，《高等教育研究》2009 年第 5 期，第 18 页。

④ 公立大学指地方政府资助的大学，是在 1951 年创办、1955 年停办的“战时联合大学”基础上发展起来的。

⑤ 金善雄、李琼浩：《韩国高等教育变革：市场竞争和国家角色》，《高等教育研究》2009 年第 5 期，第 18 页。

估制度，推动自治化，对私立大学实行公费补助。1971—1981 年，韩国政府推出“大学实验计划”（University Experiment Program），最初选定以首尔大学为代表的 10 所大学，进而扩展至 16 所和全国所有大学，规范四年制本科教育管理与评估机制，包括学士学位学分制（要求修满 140 个学分）、学位培养制（按院系学完基础课程后分专业，有必修课、选修课、专业课与学位论文的具体要求）、双学位制和主辅修制等内容。全斗焕和卢泰愚执政时期，在“大学实验计划”的基础上，实行了更为“宽进严出”的招生计划，注入更多竞争性元素。①

1963 年颁布的《私立学校法》，使私立学校的基金法人地位得以确立，基金法人组织的校董事会，不仅任命校长和教职员工，决定新生录取标准与方法，还享有经费使用权。该法第 6 条规定，中央和地方两级政府应对私立学校提供适当资助。1968 年，韩国政府出台了《产学合作法》，鼓励社会机构、民间组织和企业内部开展技术教育，现代、大宇、三星等韩国大型企业集团开始创办大学、组建医院，并向大学提供资助、参与大学管理。1973 年颁发的《私立学校教师退休实施法》，1977 年实施的《私立学校教师健康保险法》，对促进私立学校教师安心教育工作具有现实意义和深远影响。1982 年，韩国吸纳 97 所四年制大学为成员，成立“韩国大学教育委员会”，作为民间权威机构，负责大学评估和高等教育研究。1983 年，该委员会创办了《大学教育》双月刊杂志，对高等教育管理体制改革发挥了积极作用。1985 年，韩国政府对私立高等教育机构提供了 1100 万美元的资助（占其经费来源 10.47 亿美元的 1%），对国（公）立高校的资助额达 1.811 亿美元（占其经费来源 3.92 亿美元的 46.1%）。②

1992 年，金泳三当选韩国总统，开创了文人执政的新时代。1994 年，韩国正式成立“总统教育改革委员会”，教育部确定了逐步实现高等教育完全自治的目标。过去一直由教育部推荐、内阁总理任命的公立四年制大

---

① 王留栓：《韩国高等教育的主要特征——兼谈韩国发展私立高等教育的经验》，《当代韩国》1997 年第 1 期，第 82 页。

② 同上书，第 84 页。

学校长，可由教师选举产生。1994 年，韩国共有 314 所高校，其中私立 258 所（占 82.2%）、国立 53 所（占 16.8%）、公立 3 所（占 1%），包含综合性大学和学院（131 所）、师范学院（11 所）、初级学院（135 所）、开放性大学（14 所）、广播函授大学（1 所）、专业学院（22 所）、研究生院（250 个，设在四年制大学中）共七类高等院校。①

韩国的《私立学校法》规定：私立学校的开办者为三类：一是学校法人；二是私立学校经营者；三是除学校法人、公共团体以外的法人和其他私人。② 韩国的高等教育首先从私立民办高校发展起来，且一直以私立高等教育占据绝对优势。究其原因，一方面得益于政府力所能及的扶持，另一方面也与私立高校创办人、历届校长和教师团队的积极进取精神紧密相关。③ 比如，1886 年创办的“梨花学堂”是韩国历史最悠久的高等学府，1925 年升格为专科学校，1946 年改为四年制大学，1950 年 6 月开设研究生院。第一任大学校长是 1939 年毕业于母校的金活蓝博士。1990 年，尹厚净教授任校长后，确定了向世界最高水平的女子大学迈进的目标。目前，梨花女子大学已成为世界闻名的女子大学之一。梨大的校园官方网站有中、英、日、韩四种文字可供选择，以“真、善、美”梨花精神为校训，以培养女性精英为人才培养目标，现任校长崔京姬在《校长欢迎词》中这样写道：由无尽挑战和革新编织的梨花历史，造就了无数个“最好”和“最初”，这是值得骄傲的辉煌历程。④ 正是因为拥有追求卓越的校园文化，加之个体在大学的热情和付出能够得到尊重，韩国高校的发展才会如此迅速。

---

① 王留栓：《韩国高等教育的主要特征——兼谈韩国发展私立高等教育的经验》，《当代韩国》1997 年第 1 期，第 81—82、83 页。

② 王留栓：《中、韩高等教育发展战略比较研究》，《现代教育科学》2003 年第 4 期，第 74 页。

③ 王留栓：《韩国高等教育的主要特征——兼谈韩国发展私立高等教育的经验》，《当代韩国》1997 年第 1 期，第 81 页。

④ Office of Admissions, “Ewha Womans University: University Motto”, http://www.ewha.ac.kr/mbs/ewhacn/subview.jsp? id = ewhacn_010202000000，2014 年 10 月 31 日登录；崔京姬：《梨花女子大学校长欢迎词》，梨花女子大学官方网站，http://www.ewha.ac.kr/mbs/ewhacn/subview.jsp? id = ewhacn_010100000000，2014 年 10 月 31 日登录。

（二）高校改革的公私合作：BK21 工程

韩国人把经济称为第一经济，而把促进经济发展的教育称为第二经济。[①] 成功的公共政策是在全面细致的供求分析基础上制定的。在推动教育改革的方针制定之前，韩国政府首先甄别了本国教育公共政策领域中最严峻的问题，在此基础上学习具有比较优势或先发优势行为体的先进经验，才能后来居上。[②] 制约落后者追赶先进者的约束条件，正是高等教育公共部门自我革新的需求点之所在。

经过分析 20 世纪 90 年代以来的政治、经济和社会变化，韩国政府认为其高等教育发展面临三大瓶颈：一是入学竞争日趋激化，导致中小学应试教育的恶性循环，家长不得不承受每年总量达 10 余兆韩元的课外教育费用，相当于韩国公共教育预算的 1/2，却并没有促进学生创造力的提高。二是学术产出水平低。1998 年，韩国学者在科学引文索引（Science Citation Index，SCI）中的论文数量排名世界第 18 位，仅占同年美国的 3.9%、英国的 13.8%、日本的 15.2%、德国的 15.5%。第三，韩国高校的国际竞争力不强，且对他国有较强依赖性。1998 年，韩国高等教育赤字达 70 亿美元。较高的失业率（1999 年为 6.8%）也需要通过教育改革来改善。[③] 1999 年，首尔大学在亚洲国家大学的排名仅为第 3 位，落后于日本东京大学和京都大学，人力资源国际竞争力仅居世界第 47 位。[④]

基于此，金大中政府于 1999 年 4 月由韩国原教育部（2001 年改组为

---

① 孟宪华、牟为娇：《“BK21 工程”与韩国高等教育改革》，《东北亚论坛》2004 年第 4 期，第 43 页。

② 林毅夫、塞莱斯汀·孟加：《增长甄别与因势利导——政府在结构变迁动态机制中的作用》，林毅夫、沃尔克·特蕾切尔：《增长甄别与因势利导框架的应用——尼日利亚的案例》，林毅夫著，苏剑译：《新结构经济学：反思经济发展与政策的理论框架》，北京大学出版社 2012 年版，第 134—238 页。

③ Mugyeong Moon，Ki-Seok Kim，“A Case of Korean Higher Education Reform：The Brain Korea 21 Project”，*Asia Pacific Education Review*，Vol. 2，No. 2，2001，pp. 96 – 98.

④ 徐小洲、郑英蓓：《韩国的世界一流大学发展计划：BK21 工程》，《高等工程教育研究》2006 年第 6 期，第 99 页。

韩国教育与人力资源开发部）提出通过教育改革实现第二次建国立国方针的新高等教育改革计划——“面向 21 世纪的智慧韩国工程”（The Brain Korea 21 Project，以下简称“BK21”）。[①] 1999—2005 年，韩国计划在 7 年内注资 12 亿美元，发展世界一流的研究生院、培养高质量的研发人才、培育专门化地方大学、改革大学教育体系，为电影、动画、设计、电信、翻译等新兴行业和国家核心行业培养下一代学者和人才。[②]

为保障 BK21 工程的顺利运行，韩国政府以教育与人力资源开发部和韩国科学研究基金会为主导，设立了 BK21 工程管理支持委员会，是一个副部级的咨询委员会，由 11 名来自学术界、产业界和新闻界的委员组成。该委员会作为一个跨部门协调单位，与教育与人力资源开发部的大学政策办公室、学术和研究事务部门及其下属的 BK21 工程管理和支持小组一起，分配学术与研究任务。大学政策办公室负责的内容包括：制定发展政策和管理方向，保证 BK21 工程经费到位，并对经费进行分配，同时筹备开发“后 BK21 计划”。BK21 工程管理和支持小组从 2000 年 10 月归入韩国科学研究基金会，其基本任务为：协助委员会开展支持和管理 BK21 工程的工作、建立评估指标体系、分析项目研究小组的年度报告、建立项目研究资料库等。此外，实施评估的部门为工程实施情况督察委员会，在 BK21 工程管理支持委员会的领导下工作，共有 85 个成员，分成 5 组进行年度评估和中期评估。[③] BK21 工程管理支持委员会与申报该工程的高校管理部门及研究团队之间，通过 BK21 工程达成的契约关系。BK21 工程的 12 亿美元项目经费分配情况如下：

1. 建设世界一流大学的研究生院（1999—2005 年）

经费额度：7 年内资助 11.9 亿美元，每年 1.7 亿美元。信息技术、生

---

① 孟宪华、牟为娇：《“BK21 工程”与韩国高等教育改革》，《东北亚论坛》2004 年第 4 期，第 43 页。

② Mugyeong Moon，Ki-Seok Kim，“A Case of Korean Higher Education Reform：The Brain Korea 21 Project”，pp. 96 – 105.

③ 徐小洲、郑英蓓：《韩国的世界一流大学发展计划：BK21 工程》，《高等工程教育研究》2006 年第 6 期，第 102 页。

命科学、机械材料、物理学、化学、材料工程等自然与应用科技领域的研究生院，每项资助 80 万—600 万美元；语言学、历史学、哲学、法学、管理学、政治学、经济学、教育学、心理学等人文与社会科学领域的研究生院，每项资助 15 万—75 万美元。①

目标要求：入选学校要在课程体系、招生制度、师资聘用、配套设施四个方面进行内部改革。课程体系改革方面，与世界知名大学开发合作课程、发展远程教育、引入英文授课制，同时推动博士论文在国际刊物发表、加强“产学合作”。招生制度改革方面，要求入选大学减少 25% 的本科招生比例，增加研究生招生数量，且要求 50% 的研究生生源来自外校，以防近亲繁殖。师资聘用机制方面，以国际标准评估研究生院教授，作为职称晋升的依据，并引进合同聘用制，以保证韩国在重大战略领域的创新能力。配套设施完善方面，扩建或改善图书馆、电子阅览室、实验室、接待室、研究生宿舍等，对于在读已婚学生，还需提供更为舒适的生活条件。②

2. 发展地方优秀大学资助计划（1999—2005 年）

经费额度：7 年内资助 3800 万美元，每年 542. 86 万美元。

目标要求：地方大学与地方政府和企业有密切的联系，因此该计划资助地方大学开展官产学合作项目。该计划鼓励地方优秀高中的毕业生报考地方优秀大学和世界一流研究生院，成功考入地方优秀大学的高中毕业生，将有机会参加国外语言培训项目。同时，为了提升地方大学本科毕业生的研究能力，世界一流研究生院将一半的研究生录取名额预留给地方大学。③ 入选的地方大学能够聘用更多的教授，以改善师生比例。提高外语教学和计算机应用教学技能，强化针对地方企业的应用技能教育和基础职业教育，并在此基础上提升办学条件。④ 能与地方政府和企业结成研究联

① Mugyeong Moon，Ki-Seok Kim，“A Case of Korean Higher Education Reform：The Brain Korea 21 Project”，p. 99.

② Ibid.

③ Ibid.，p. 100.

④ 徐小洲、郑英蓓：《韩国的世界一流大学发展计划：BK21 工程》，《高等工程教育研究》2006 年第 6 期，第 101 页。

盟的教授，被认为具备进一步发展的资质，能够得到改善实验室或语言教室条件的资助。①

3. 新兴行业领域发展计划（1999—2003 年）

经费额度：5 年内资助 400 万美元，每年资助 80 万美元。

目标要求：为影视、动漫、设计、电信、翻译等含有高附加值的新兴行业，在已有相关专业的研究生院中，培养高级专门人才和小型研究团体。②

4. 核心行业青年学者计划（1999—2001 年）

经费额度：3 年内资助 2 万—15 万美元。

目标要求：资助以系为单位学术研究机构的研究生院中的下一代青年学者，培养方向涵盖各学科领域和内容。③

5. 与国外大学合作项目（1 年以内）

国际合作要求是在第一类“建设世界一流大学研究生院”和第二类“发展地方优秀大学资助计划”中都提及的内容。

在第一类中，韩国政府为建设世界一流大学的研究生院提供与美国世界一流大学建立联系的资金，推进达成各类国际合作项目、开展合作研究课题。在政府的协调下，美国麻省理工学院、斯坦福大学、卡内基梅隆大学和加州理工学院成为备选合作大学，④ 同时政府也鼓励经费用于吸引国外留学生来韩求学的奖学金、博士后流动站建设经费和教师出国交流的经费，并将这些纳入绩效考核范畴，激发师生和高校管理人员就如何优化经费使用开展竞争。⑤

在第二类中，韩国政府为地方优秀大学选择的美国地方合作大学有：

① Mugyeong Moon, Ki-Seok Kim, “A Case of Korean Higher Education Reform: The Brain Korea 21 Project”, p. 100.

② Ibid.

③ Ibid.

④ 徐小洲、郑英蓓：《韩国的世界一流大学发展计划：BK21 工程》，《高等工程教育研究》2006 年第 6 期，第 100 页。

⑤ Mugyeong Moon, Ki-Seok Kim, “A Case of Korean Higher Education Reform: The Brain Korea 21 Project”, pp. 99 – 100.

密歇根技术大学、加州大学伯克利分校和伊利诺伊大学，韩国大学与这些大学可以开展师生交流，包括工程研究小组的跨校联盟、学分互认机制等。由于需要较多国际合作经验，韩国教育部门还为此专设海外学术交流事务机构。①

获得前两类项目立项的大学，可以得到去美国大学进行专业学习和发展的机会，有长期和短期两种项目选择，长期项目执行期为6个月至1年，短期项目执行期不超过6个月。②

以上四项计划预期成果为：改革大学入学考试系统；多招收1300名博士生；与国际教育机构增强国际合作、提高研发能力；加强官产学合作；加强专科高等院校和综合性大学之间的沟通联系。③ 由此，可以带动韩国大学在科研、人才、设施、机制以及教育环境方面的全面提升。

1999年，通过评选，BK21工程管理支持委员会在第一阶段正式遴选出26个科技领域的386所大学，公立和私立大学的比率为64∶36。同时，26个领域分别在大学中设有代表性的研究生院：首尔大学12个、韩国科学技术院6个、浦项工业大学3个，此3所大学拥有的研究生院占全国的81%。④ 从项目执行效果来看，2000年项目执行1年半时，首尔大学的SCI发文量从原来的世界第94名（1671篇）跃居第55名（2202篇），进步非常明显。过去的高等教育资助大多强调在大学的院系之间对有限资源进行均等配置，而BK21则打破了这种传统的政策思路，把重点放在提高资助所能带来的效率和效能方面。与此同时，将原本重视本科教育的理念转变为关注研究生教育，缓解高中毕业生报考大学时过于激烈的竞争。当然，BK21着力打造少数大学，使之冲进世界一流大学的行列，而非BK21大学则逐渐被边缘化，在突破原有改革瓶颈的同时，也会产生新的等级秩序

① 徐小洲、郑英蓓：《韩国的世界一流大学发展计划：BK21工程》，《高等工程教育研究》2006年第6期，第101页。

② Mugyeong Moon，Ki-Seok Kim，"A Case of Korean Higher Education Reform：The Brain Korea 21 Project"，p. 101.

③ Ibid.，p. 100.

④ 李炎清：《"BK21工程"：韩国建设一流大学的成败得失》，《教育与职业》2008年第12期，第69页。

(pecking order)。由行政指令的方式人为调整本科入学人数、提高研究生招生人数，也有违教育需求自身的发展规律。①

韩国政府为应对 BK21 可能带来的高校两极分化风险，于 2013 年 5 月推出了 2013—2019 年期间的“21 世纪智慧韩国工程（Brain Korea 21 plus，简称‘BK21 plus’）后续工程”，拟向全国 500 所大学投资 21 亿美元，使地方大学得到幅度更大的资金补助。预算的 50%—60% 将作为研究生奖学金或劳务费，学生补助也将有大幅度提升。除首尔、京畿、仁川地区以外，地方大学分得的资金比重将从 24% 增加到 35% 左右，500 个补助对象中将有 225 个从地方大学中选出，以响应政府培养地方大学的国策。②

三、BK21 评析：一种公私合作的视角

BK21 项目之所以是公私合作项目，不仅因为它是韩国 BK21 工程管理支持委员会与各大高校研究生院及师生之间的公私合作契约，能够推动各方力求共担风险、共享收益，也因为它同时向基金会、企业等私有部门筹集配套经费，③ 也就是说，该国家层面的公共教育改革项目不仅有实施过程中的公私分工、而且有融资渠道的公私准入。通过选择国内最有竞争力的大学及其国际合作伙伴，能够保证最优秀的搭档彼此之间协调合作，达成良好的竞合关系。尽管政府以行政指令的方式推进教育变革有“拔苗助长”之嫌，但从四小龙的崛起过程可以看出，对于亚洲国家来讲，“自上而下”的政府主导方式往往能够高效提升创新能力、激发个体创新潜力，而欧美国家则多是采用“自下而上”的个体主导方式，在高质量的冗余基础上，逐渐形成官产学的公私供求均衡。因此，将韩国 BK21 项目与美欧

① Mugyeong Moon, Ki-Seok Kim, “A Case of Korean Higher Education Reform: The Brain Korea 21 Project”, p. 97, 101 - 102.

② 成始允：《BK21 后续工程投入 2 万亿规模资金，地方大学所获补助大幅增加》，《韩国中央日报》2013 年 5 月 16 日，http://chinese.joins.com/gb/article.do?method=detail&art_id=104005，2014 年 10 月 30 日登录。

③ Mugyeong Moon, Ki - Seok Kim, “A Case of Korean Higher Education Reform: The Brain Korea 21 Project”, p. 101.

项目管理相比可以发现，东西方语境中的公私合作治理路径是对立统一、殊途同归的。公共与私有部门谁为主、谁为辅，并不是关键，关键在于其合作较不合作能够实现单纯靠某一方无法实现的目标，推动知识创新的生产力大幅提高，并能够发现过去被忽略的个体创新差异性，以更加开明的心态充分利用公私资源，从而在人事、财务和管理方面突破机制体制瓶颈，以“智慧”的方式巧妙地达成“善治”。

应当说，韩国高等教育强国地位的获得，与其私立与公立大学之间所达成的均衡竞争与合作，密不可分。尽管BK21项目执行过程中也带来了一些副作用，但研究人员能够立即指出存在的问题，并在BK21后续工程中尽可能地规避已有问题和风险，呈现出试错、纠偏和优化的成熟度提升特征。

高等教育改革项目的公私合作路径只是一种关注微观分配机制能否化解目标难以达成风险的管理工具或治理框架，项目的灵魂并不是单纯地提供公益或满足私利，而是通过项目管理的知识创新“生命循环”过程，将原本公私部门分头行动无法达成的目标、在协同与合作的框架下力求实现，将原本无法企及的梦想转变为接近梦想的现实。优秀的项目，是能够通过这样的灵魂呼召，给私有行为体以创新意愿和内生动力的。私有行为体的事业若能与现实实践中的问题解决有机结合，必然会为他们的个体生命注入鲜活的血液，为他们的创新生涯带来无穷动力。这才是学问本身具备的魅力和创新本身蕴含的智慧。

1980年，美国未来学家托夫勒提出了“产消者”的概念：为了自己使用或自我满足而创造产品、服务或经验的人，是参与生产活动的消费者。①这一概念为公私合作关系的均衡定位提供了有力的切入点，即只有当个体研究者或实践者的公益提供本身可以满足自我需求时，创新动力才可以充分地发掘出来。当公私合作转变为“公私合一”时，产消者的身份便会形成。这与为人类的自愿利他行为进行更深入分析的维基经济学（Wikinomics）观点是不谋而合的。②

---

① Alvin Toffler, *The Third Wave*, Bantam, 1984.

② Alvin Toffler, Heidi Toffler, *Revolutionary Wealth: How It Will Be Created and How It Will Change Our Lives*, Crown Business, 2007.［美］唐·泰普斯科特，安东尼·D. 威廉姆斯著，何帆、林季红译：《维基经济学：大规模协作如何改变一切》，中国青年出版社2007年版，第156页。

将“产消者”及“产消联盟”（Prosumers Alliance）概念纳入高等教育机制与体制革新过程，将创新知识增长的对等生产范式纳入高等教育改革进程中，[①] 或许可以有力推进我国当前提出的“高等教育创新能力提升计划”（简称“2011 计划”），产生既面向本国重大需求、又能提升我国高等教育质量，为将我国建设成为高等教育强国提供智力支持。以此带动高校开展国际化行动，更能产生解决利益相关方共同关切的协同创新（collaborative innovation）效应，不失为一种可供选择的协同创新路径。

（原载《世界教育信息》2015 年第 13 期）

第二节　韩国智慧教育：以信息化带动多元互动创新

21 世纪的今天，教育变革已成为全球范围内的潮流。教育不仅仅是教育管理部门和学校各级领导的工作，更因其能够影响人的思想而成为一种影响社会运行的公共物品。以教育本体论、教育认识论和教育方法论构成的教育体系观念及其实施质量与效果，不仅关系到教育施动者的绩效水准，也关系到教育受动者能否与施动者达成默契、实现配合，从而推动教育变革的顺利开展。传统意义上的教育施动者是教师，受动者是学生，而新的教育体系观念则借助数字技术、网络传媒和云计算工具，将师生互动形成的创造性认知动态地融入教育体系，从而影响学校教育机制和国家教育体制。这一轮学习环境创新浪潮被称为“智慧教育”。

韩国的“智慧教育”计划成效显著。2009 年，在经济合作与发展组织（OECD）每三年一次的第四届国际学生评估项目（PISA）中，数字阅读素养被作为 21 世纪公民学习能力的关键指标，在全球 65 个国家或地区展开

---

① YochaiBenkler，“Coase’s Penguin，or，Linux and the Nature of the Firm”，p. 369.

评估。其中，19 个国家或地区接受了数字阅读素养测评（DRA），[①] 韩国学龄为 15 岁的学生以 568 分的优异成绩荣居数字阅读素养榜首，比平均分高出 69 分之多，新西兰和澳大利亚并列亚军（537 分），日本名列第三（519 分）。这既是对 1996 年以来韩国教育部加强校园数字基础设施建设改革相关政策的肯定，[②] 也表明该年龄段的学生在数字环境中学习和成长的潜力超出常人的想象。[③] 为巩固此前取得的成果，韩国教育部于 2011 年公布了《通往人才大国之路：推进智慧教育（SMART Education）战略实施计划》，[④] 旨在通过将信息通信技术（ICT）纳入教育信息化改革改善教育环境，以数字教科书革新课堂教学，提升国家的教育竞争力，培养 21 世纪引领国际社会、具有创造力和个性的全球化人力资源。[⑤]

韩国“智慧教育”与传统教育的差别在于：教育环境的开放、教学内容的开源和师生互动的自主。正如功能手机（feature phone）和智能手机（smart phone）的差别一样，“智慧教育”计划传递出一个积极的信号，即借助信息化工具所能带来的教育环境变化，能在很大程度上改变教育主客体的互动方式。然而，单是借助信息技术这一媒介或工具就能带来教育模式从被动应试向素质培养的转变吗？单是采取数字化教材、在线课堂、硬件升级这

---

① OECD, *PISA 2009 Technical Report*, Paris: OECD Publishing, 2012, p. 23. 参与数字阅读素养测评的 19 个国家或地区为：澳大利亚、奥地利、比利时、智利、哥伦比亚、丹麦、中国香港、法国、匈牙利、冰岛、爱尔兰、中国澳门、日本、韩国、新西兰、挪威、波兰、西班牙和瑞典。

② 1996 年，韩国出台“教育信息化综合计划”，大力推行教育信息化建设。2001 年，韩国实现了校园网全覆盖，并使 75% 的学生能够在线学习（E-Learning）。2002 年，开始推动数字教材。2007 年，以 20 所中小学为试点，将五、六年级课程，初一数学、科学和英语以及高中数学和英语教材开发为数字教材。

③ Ju-Ho Lee, *Korea's Choice*: "*Smart Education*", July 26, 2011, https://community.oecd.org/community/educationtoday/blog/2011/07/26/korea-s-choice-smart-education, [2015 - 08 - 22].

④ 李洲浩：《通向人才大国之路：智能教育推进战略（草案）》，韩国教育科学技术部，2011 年版。

⑤ 此处借鉴新加坡“智慧国家 2025”计划的译法，采用“智慧教育”而非“智能教育”，以强调人在数据共享过程中的主观能动性，从而实现更为科学的决策；“智能”则侧重以智能机器取代人，弱化人的作用。参见王天乐、施晓慧：《“智能城市”目标提前实现，打造让人更具能动性的升级版——新加坡推出“智慧国家 2025”计划》，人民网，2014 年 8 月 19 日，http://gs.people.com.cn/cpc/n/2014/0819/c345040-22033567.html，2015 年 8 月 27 日登录。

些举措，就能推动韩国全球化人才培养的进程吗？本章将从“智慧教育”的原初理念及其带来的教育实践变化入手，分析并尝试回答这些问题。

一、“智慧教育”理念的由来与内涵

最早倡导“智慧教育”概念的是美国国际商用机器公司（IBM）。2008年，IBM董事局主席及首席执行官彭明盛（Samuel J. Palmisano）提出“智慧地球”（Smart Planet）概念。他指出，数字世界和现实世界正在逐渐重合，晶体管深入每个人的生活，人类互动产生的庞大信息史无前例，超快的计算速度与“云计算”模型相结合，① 以低廉的价格将海量数据转变为使行动、系统、过程和设施更高效、多产、敏锐的信息，世界正变得日益智能化。然而，人类生活中存在浪费和不可持续的现象，需要有胆识改变现有游戏规则的领导者带来显著变化。单靠某一类主体或决策者已无法满足这一要求，需要能够使企业界、决策界和学术界不同体系跨界融合、协调合作的领导者，将变化贯彻到决策体系中，使运营和管理更为透明、

① 2008年，IBM研发的“走娟”（Roadrunner）超级计算机突破了每秒1千万亿次/秒（petaflops/s）的数学运算性能瓶颈，在此后的几年内，超级计算机的研发和赶超速度迅猛。就在“走娟”成为世界最快的超级计算机之后5个月，位于美国华盛顿州西雅图的超级电脑制造商和销售商克雷（Cray）公司就与美国能源部橡树岭国家实验室（Oak Ridge National Laboratory）研发出了XT Jaguar超级计算机（1.64千万亿次/秒）。目前，计算速度排名前十位的超级计算机为：中国国防科技大学的“天河一号”超级计算机（2.57千万亿次/秒），德国加尔兴莱布尼茨超级计算中心（LRZ）与IBM联合研发的神威蓝光（SuperMUC）超级计算机（2.89千万亿次/秒），美国加利福尼亚由劳伦斯·利弗莫尔国家实验室（Lawrence Livermore）运作的搭载IBM蓝色基因（BlueJean）/Q系统的“火神伏尔甘”（Vulcan）超级计算机（4.29千万亿次/秒），德国于利希研究中心与IBM共同研制的Juqueen（欧洲最快）超级计算机（5.01千万亿次/秒），美国德克萨斯大学德克萨斯高级计算中心和戴尔公司（Dell）联合研制的升级版Stampede超级计算机（5.17千万亿次/秒），美国能源部（DOE）阿尔贡国家实验室（ANL）研制的米拉（Mira）超级计算机（8.16千万亿次/秒），富士通为日本神户化学研究所高级计算科学研究院（AICS）研制、跨越了人类一亿亿次计算大关的“京”超级计算机（K Computer）（10.51千万亿次/秒），IBM公司打造、美国劳伦斯·利弗莫尔（Lawrence Livermore）国家实验室组装的Sequoia（红杉）BlueGene/Q超级计算机（16.32千万亿次/秒），美国能源部橡树岭国家实验室研发的泰坦（Titan）超级计算机（17.59千万亿次/秒），中国国防科技大学研发、2013年5月公布、至今蝉联冠军的“天河二号”超级计算机（33.86千万亿次/秒）。

权威、可信和智能。政府角色要从规则制定者和奖惩激励者转变为推动召集者，汇聚各界专家，激发思想火花。能否主动追踪风险、识别模式，建设一个更加便捷、扁平和智能的世界，取决于人类能否转变观念。①

2009 年，IBM 公司又提出了“智慧教育”概念，并指出在 21 世纪的数字时代，教育对于各类共同体的兴衰成败具有决定性意义。未来的知识工作者将在一个由协同合作者组成、拥有无限信息和数据资源的网络中扮演他们各自的角色，教育应使每个公民都能发展为实现未来世界繁荣和兴盛所需的技能。② 教育系统必须在适应与技术、商业、政治和人口变革的同时，保证其所服务的公民对象为未来的经济发展贡献力量。由技术浸润、个性学习、知识技能、全球整合和经济协作五位一体构成的“教育连续体”（educational continuum）正在形成。

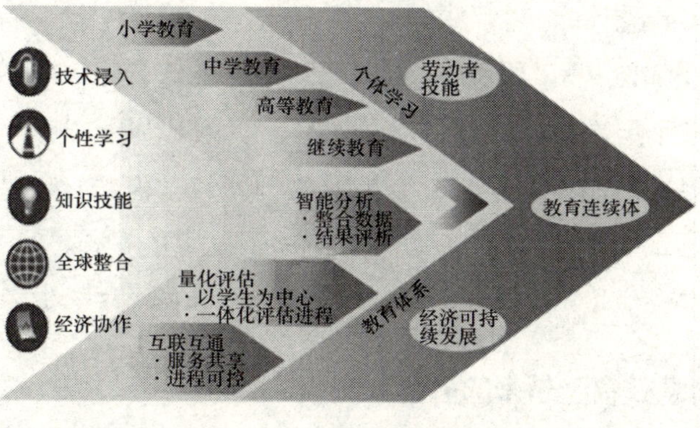

图 4—1　五位一体“教育连续体”结构示意图

图片来源：IBM, *Education for a Smarter Planet*: *The Future of Learning*, IBM Global Education, 2009, p. 9.

如图 4—1 所示，“教育连续体”由个体学习和教育体系两个连续体构

---

① Samuel J. Palmisano, *A Smarter Planet*: *The Next Leadership Agenda*, IBM Corporation, Remarks as prepared for the IBM Business Leadership Forum in Istanbul, Turkey, November 12, 2008, http: //www. ibm. com/ibm/cioleadershipexchange/us/en/pdfs/SJP_ Smarter_ Planet. pdf, p. 2.

② IBM, *Education for a Smarter Planet*: *The Future of Learning*, IBM Global Education, 2009, pp. 3 –4.

成，在基础教育、高等教育和继续教育领域逐步推广三个“I”：各行业多元行为体交互参与进程的互联互通（interconnected）；标准统一的量化评估（instrumented）；对大量教育信息数据的智能分析（intelligent）。个体学习旨在提升劳动者技能，教育体系则面向经济可持续发展。通过各领域协同实现的“教育连续体”将进一步模糊传统的学术、教育与经济界限，创立一种将传承学问、增长技能和员工培训合而为一的视角，从而以更为智能的方式实现国家目标。

由此可见，“智慧教育”是在全球创新浪潮到来之际，面对大多国家的学校教育仍停留在工业时代“教学工厂”的状况，应对人才培养紧迫需求的教育策略。“智慧教育”的载体是“智慧学校”，其具有学生为主（S）、多样共存（M）、无所不在（A）、资源共享（R）和技术嵌入（T）五方面特征。智慧课堂、智慧教师、智慧教室、智慧学校、智慧学区组成的教育体系（如图4—2所示），可以通过学区的教育云、学校教育云和班级智能教室三个层次间的信息自动分流整合，形成属于学区的教学神经网络系统，发展有效能、可复制、会扩散的创新教学模式，创造教育的无限可能。①

二、“智慧教育”带来的教育观变革

工欲善其事，必先利其器。“智慧教育”看起来是一种学习媒介或工具的变革，其实质是一种成体系的创新教育理念。如果将这种新教育理念的本体论、认识论和方法论加以分析，就会发现三方面的理念变化。

在本体论方面，即“教育是什么”这个问题上，传统中将教育看成是教师教学生的知识单向传播过程，现在则是师生互动的知识双向传播过程。也就是说，将原有的教师传道、授业、解惑这种由施动者向受动者单向传播的简单学习过程，转变为施动者和受动者共同创新、成长和进步的

① 张奕华：《智慧教育与智慧学校理念》，《中国信息技术教育》2013年第6期，第15页。

“教学相长”的复杂学习过程。教育成为由参与其中的多元利益相关方互动创新的网络化、透明化、共享式进程。

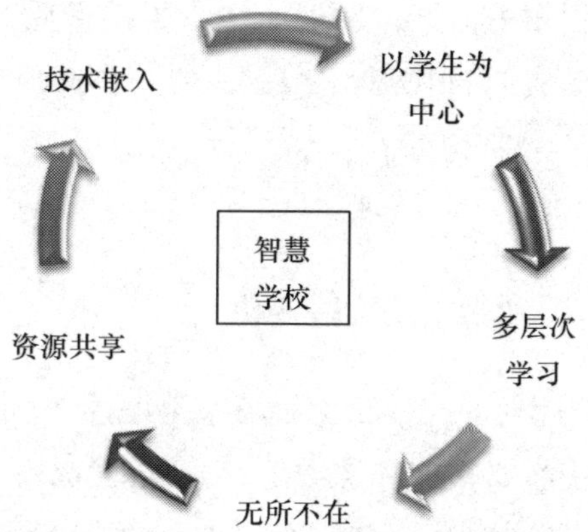

图 4—2 “智慧学校”元素间关系示意图

图片来源：张奕华：《智慧教育与智慧学校理念》，《中国信息技术教育》2013 年第 6 期，第 15 页。

在认识论方面，即“如何获取教育的真理”这个问题上，传统以权威教师编写教材传承知识为主要方式，重点在于让学习者“知其然”，在课堂教学中，教师在与学生互动的过程中多会涉及“所以然”，即现象背后的规律、原理甚至理论；而“智慧教育”所要强调的，则是对于“知识是如何被获得的”进行方法探源，通过学习者的亲身实践，对现实生活中所需的知识进行自主挖掘和探索。教育者需要准备的，并不是可以回答学生所有问题的知识，而是给他们提供可以寻找到任何问题答案的资源和环境。

教育方法论回答的是“如何推动教育系统及其中的行为体进化”的问题。根据美国教育学家布卢姆的教育目标分类理论（taxonomy of learning），对于学习效果的评价有形成性（formative）和总结性（summative）两种。过去的教育评估更重视总结性评量，而对于形成性成效评价不足。布鲁姆将学习效果分为了解、领会、应用、分析、综合、评价六个层次，其中通过掌握前五种学习能力形成个人自成体系的评价标准，是学习效果提升的重要衡量指标。[①] 形成性评价不仅能够选拔少数优秀学生，而且可以通过向师生提供教学进程相关信息，发现个体学生的潜质，在教学过程中采取适当的修正措施，形成“自我纠正系统”或“自适应系统”，这也是“智慧教育”的“智能”特征之所在。

三、“智慧教育”所带来的实践变化

“智慧教育”的计划一经推出，便在韩国多所中小学阶段的试点学校推行，主要包括数字教材推广和在线课程共享两部分内容。

数字教材计划分为三个阶段：第一阶段为 2002—2006 年，主要进行数字教材的可行性研究；第二阶段为 2007—2011 年，此阶段有三个目标，一是开发数字教材，二是运营数字教材示范学校，三是进行影响力研究，搜集实证数据并分析总结；第三阶段为 2013—2015 年，2014 年在中小学推广，2015 年在高中推广，最终在 100 所公立学校的各个年级进行数字教材应用试点，以检测设计和使用中的问题，进而对纸质教材起到补充作用。因为数字教材多样、自主、及时、同步，所以能够实现地方教育部门、韩国教育学术信息院（KERIS）[②] 和公私部门的数据更新与信息沟通。通过对应用实践数据进行研究，发现采用数字教材之后，学生的课堂表现整体上有了改善，农村偏远地区的学生和差生的成绩进步效果显著。[③]

---

① David R. Krathwohl, “A Revision of Bloom's Taxonomy: An Overview”, *Theory into Practice*, Vol. 41, No. 4, 2002, p. 213.

② 全称为 Korea Education and Research Information Service，1999 年设立，是教育部直属机构，主要职责为信息教育开发与支持，并致力于搭建教育部与 16 个教育厅、165 个教育公共部门之间沟通与协调的桥梁。

③ Jongwon SEO, *SMART Education in Korea: Digital Textbook Initiative*, May 2012, http://www.unesco.org/new/fileadmin/MULTIMEDIA/HQ/CI/CI/images/wsis/WSIS_Forum_2012/55515-SmartEducationInKorea.pdf,［2015-08-15］.

在数字教材的基础上，在线课程与评估机制逐步建立。地方教育部门通过建设具有云端计算能力的基础设施，如市级云端机房，为学校充分运用云计算系统奠定基础。[①] 通过开源、参与和体验，学生可以借助在线课程选修名师的精品课程；远程教学能为处于弱势的学生，特别是有特殊需要、多元文化背景和生活在农村的学生，提供更多的教育机会，促进教育民主化；在线课程可以使学生从密集的课堂教学中抽出时间，更多地参加亲身实践的社会活动。

除了数字教材和在线课堂，“智慧教育”计划为教育实践带来的变化还体现在以下三个方面：

（一）创设国家教育资源和管理公共服务平台

进入21世纪之后，人才培养由文化传承转向了培养学生独立分析和解决问题的能力。通过互联互通的教育信息平台使学生得到教育和培养。

韩国教育资源管理公共服务平台的建设，涉及到由韩国教育部、韩国教员大学、韩国科技大学、KERIS、民间出版公司、数字图书出版商、学校和企业构成的公私合作关系（public-private partnerships，PPPs）（如表4—1所示）。公私利益相关方因自身需求参与到“智慧教育”计划，以其所能提供的产品，打造韩国现代化智能“教学工厂”，从而缓解教育领域的信息孤岛和数字鸿沟现象。

表4—1　韩国“智慧教育”计划中的公私供求一览表

	属性	供给	需求
韩国教育部	国家公共部门	平板电脑、项目补助、政策支持、数字教材初期研发	推动韩国教育发展，构建开放教育的社会环境，推进义务教育和终身教育

① 张奕华：《智慧教育与智慧学校理念》，《中国信息技术教育》2013年第6期，第15页。

续表

	属性	供给	需求
地方教育厅	地方公共部门	成立试点学校，为学生提供无线上网、分享视频、动画、虚拟现实的多媒体教学环境	培养德才兼备的世界人才，提升学校教育管理水平，创造快乐的课堂氛围，提供均衡的教育福利，提升公民行政参与能力
韩国教员大学	公共部门（大学）	数字教材初期研发，为韩国培育幼儿园到高中的师资，研究策划“智慧教育”计划，进行课程开发和师资培训	韩国唯一一所培养教师的国立综合大学，韩国师范大学中水平最高的国立大学，培养国家未来教育人才
试点示范学校	公共部门（中小学）	建设校园基础环境，深化信息教育系统	实现教育与管理系统的超越式发展，解决现有棘手难题
KERIS	公共部门（直属教育部，大学教授主导的半官方机构）	1. EDUNET：1996 年起为国家教学中心网站提供教育信息与服务，2010 年有 620 万用户；2. Cyber Home Learning System：以网络为基础的计算机家庭学习系统，供学生自学使用，以缩短学习差距、降低教育费用、强化公学教育质量；3. NEIS（E-Government System）：全国统一的校务管理系统；4. RISS（Research Information Service System：与高等教育有关的研究信息服务系统，可联通全球大学图书馆，提供数据库在线查询服务；5. KOCW（Korea Open Course Ware）：汇集国内外大学开放课程资源，提供简易查询接口	在教育部与省教育厅之间做专业咨询服务，是数字通信产业、民间团体和大学研究机构之间的政策发展顾问、政策执行协调者、研发智囊团和操作服务中心，推动官产学合作

续表

	属性	供给	需求
韩国科技大学	公共部门（大学）	智慧教育公共服务平台的软件系统	培养实践工程技术人员与人力资源开发的专业人才，激发创意性思维，培养能动性实践能力，教育学生全面实现自我，为国家发展与人类繁荣做贡献
数字图书出版商/民间出版公司	私有部门（企业）	确定消费者权责条款，提供账号和密码管理①	出版、策划、营销，进入图书馆数字资源库
三星集团	私有部门（企业）	提供教育赞助	实施教育、就业、医疗和环保四大企业公民战略，在全球开展常态化项目，履行企业社会责任，利用企业核心竞争优势，帮助解决社会面临的难题，与全社会创造共享价值

通过以上教育公共服务平台的建设，实现百所学校“一校一码”、全国师生“一人一号”，教育管理和决策部门能够通过微观真实数据的“显微镜”，全面准确地汇总全国教育动态大数据，形成教育管理数据“仪表盘”，作为教育管理、教学服务、课改教研、教育资源和安全管理的依据，通过云计算进行智能化教育分析，制定更为科学合理的教育政策。

（二）实现开放资源与自适应的智能教学框架

“智慧教育”计划所推动的，实际上是一种自适应教学框架：将传统的学校课程体系转变为教师、研究人员、教育管理人员、学生共同参与、互动交流的学习管理系统（LMS），将教育进程作为研究对象，由历时和

① 曾灿金：《台北市政府教育局101年度国际交流参访活动计划——信息融入教学（ICT）及标竿学校计划》，台北市政府教育局，2013年12月15日，http://www. openreport. taipei. gov. tw/OpenFront/report/show_ file. jsp? sysId = C101AW592 & file No = 1，［2015 - 08 - 23］，第20页。

共时信息共同形成的系统化数据为教育管理研究人员研发的预测模型提供第一手资料和案例，以学生自适应为主、教师干预为辅，共同为特定学生定制教学内容，并通过进一步观察学生表现的变化动态，启动新一轮的数据流。每一次数据流循环的完成都会使教学内容和方法更贴近特定的学生，也使教研人员和教育管理人员对教学内容、教学方法以及体现因材施教规律的预测模型进行不断修正和优化。

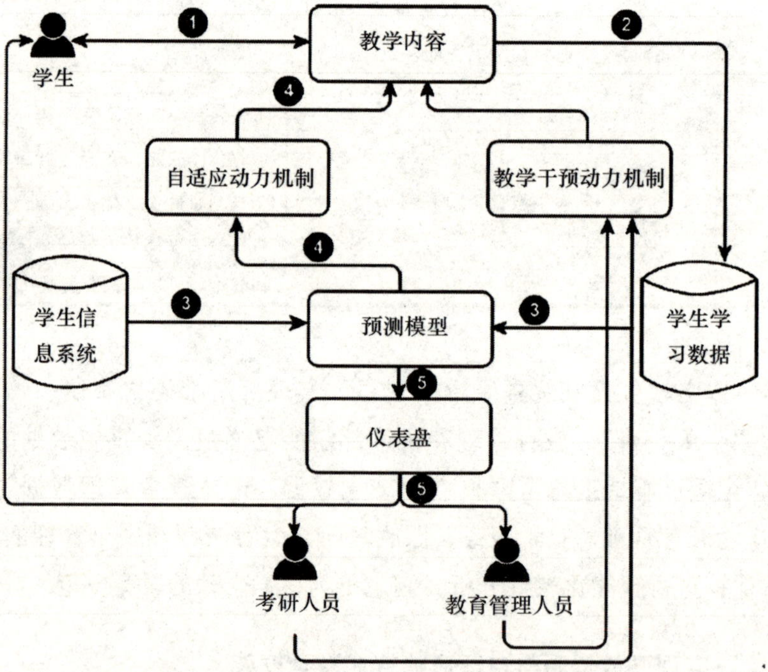

图 4—3　典型自适应教学框架的构成元素及数据流走向示意图

图片来源：Marie Bienkowski，Mingyu Feng，Barbara Means，*Enhancing Teaching and Learning through Educational Data Mining and Learning Analytics*：*An Issue Brief*. Office of Educational Technology，U. S. Department of Education，Center for Technology in Learning，Stanford Research Institute（SRI）International，2012，p. 18.

自适应教学框架来自 2012 年 10 月美国教育部公布的由斯坦福国际咨

询研究所（SRI International）发表的题为《通过教育数据挖掘和学习分析提升教学水平：一个议题简述》的研究报告。与布鲁姆提出的形成性评价相联，该报告从学习分析（learning analytics）的角度提出了自适应教学框架，尝试通过分析学生完成作业、参加考试、课外活动、论坛发帖等显性或隐性行为，发现具有个体差异的潜在习得特点，预测其未来学习行为和效果，进行有针对性的因材施教。该系统由教学内容、学生学习数据、预测模型、仪表盘、自适应动力机制和教学干预动力机制 6 个要素构成（如图 4—3 所示）。

数据流动的走向分为五个步骤：第一步，学生通过互动为教学内容输入信息；第二步，记录学生历史的电子档案以预先设定好的结构纳入学生学习数据库；第三步，从学生学习数据和学生信息系统中采集用于分析的数据，根据预测模型中的分析目标进行数据挖掘；第四步，分析结果先供自适应动力机制采用，从而向教学内容传递针对特定学生的指导和教学策略；第五步，在仪表盘中显示自适应动力机制的分析结果，通过各方反馈决定是否采用教师干预动力机制。[①] 韩国忠清北道（Chungbuk）教育厅在清州市新成立了 6 所示范学校（包括幼儿园、小学、中学各 2 所），其中作为开放型自律学校而成立于 2011 年的韩松（Hansol）高中就将作为“智慧教育”核心成效的自适应教学框架纳入到学校课程的设计和教授过程当中。[②] 此外，韩松高中的教师还将教学内容与社交网站或博客相结合，学

① Marie Bienkowski，Mingyu Feng，Barbara Means，*Enhancing Teaching and Learning through Educational Data Mining and Learning Analytics*：*An Issue Brief*，Office of Educational Technology，U. S. Department of Education，Center for Technology in Learning，Stanford Research Institute（SRI）International，October 2012，https：//tech. ed. gov/wp-content/uploads/2014/03/edm-la-brief. pdf，[2015 - 09 - 20]，pp. 18 - 19.

② 近年来，韩国学界认为以“平准化”为核心的公平教育虽然取得了显著成效，但以升学为中心的国家基础教育框架导致学生的学习欲望和热情逐渐衰减，学习能力提高缓慢，使韩国民众普遍感到教育竞争力下滑所带来的心理危机。自 2007 年以来，参考美国的特许学校、英国的研究型学校、日本的社区参与型学校和瑞典的自律型学校成功经验，韩国政府提出了“开放型自律学校”的改革模型，即通过把人事权、财政预算执行权等办学自主权更多地转交给校长或民间团体，选定具有革新意志和经验的管理主体，通过集中试点示范，汇集各种政策职能，积累革新成果和经验，克服公立学校的共同缺陷，加快教育革新步伐。

习小组通过在网上即时共享教学过程中所需的知识或素材，以团队合作的方式协作攻克研究问题，既能进行思维训练，又能提高创新能力。① 这充分体现了“智慧教育”计划所倡导的提高学生自适应能力的目标。

（三）公私合作带动教育相关产业的协同发展

韩国的“智慧教育”计划还将图书出版、文化交流、博物馆展览、IT产业和国有企业吸引进来，推动官产学研媒通过构建公私合作关系，在提供教育资源与管理公共服务的同时，振兴各自所属行业，推进文化的可持续传承。

1. 打造韩国国际文化出版创业园区

出版物是国家文化和民族教育的重要载体。韩国出版业的规模不大，无法直接与国外出版机构竞争，因此韩国出版人彼此联合起来，共同发展，通过形成规模效应降低印刷、发行和流通终端成本，避免出版行业内部恶性竞争，以竞争与合作创造协同效率。建成于 1989 年的坡州书城（Book City）就是在这一理念下创办的出版文化社区。② 在汇聚国内外出版商、印刷厂、图书馆、咖啡厅、书店、艺廊的同时，韩国政府鼓励民间资本投资，将书城与文化艺术村、英语村、名品折扣购物中心及韩流坞（Hallyuwood）联合起来，形成汇聚出版、艺术、影视、娱乐、旅游观光于一体的大众文化特色产业。在实现了 e 化环境和物理空间的改进之后，坡州书城为“智慧教育”计划的数字出版物的出版和营销奠定了坚实基础。同时，出版城建在坡州还有深层次考虑，即希望朝鲜半岛统一后，书城能

① 曾灿金：《台北市政府教育局 101 年度国际交流参访活动计划——信息融入教学（ICT）及标竿学校计划》，台北市政府教育局，第 25—28 页。

② 世界上首个书城或书镇（Book Town）起源于英国威尔士的海怡（Hay-on-Wye），而书镇的概念形成于 1984 年比利时乡村小镇雷都（Redu），1988 年法国布列塔尼的贝榭丽（Becherel）加入书镇行列。其后，美洲、亚洲、澳大利亚也有书镇加入。据国际书镇组织（International Organisation of Book Towns）统计，目前全球约 50 多个书镇，其中 16 个已加入国际书镇组织，坡州书城是最新成员。参见郭瑞佳：《韩国坡州出版城：超越对 Book City 的所有设想》，《出版参考》2013 年 4 月上旬刊，第 45 页。

利用地处南北边界的优势地理位置，将朝鲜的廉价劳动力纳入生产链。[①]

2. 官产学研合作共建文化交流中心

教育的发展仅靠政府是远远不够的。三星企业及其他韩国财团的加入，为“智慧教育”提供了从资金到研发的重要动力。致力于公益目标的政府部门与具备创造力的私有部门通过契约进行风险共担、收益共享，这种官产学研合作的模式需要动态灵活把握公私行为体之间的动态平衡。“智慧教育”的目标是培养全球化人力资源，因此校园并不是该战略的唯一主体，城市青少年文化交流中心也为人才的国际交流做出了重要贡献。如旨在协助青少年接触与理解多元文化的首尔市立青少年文化交流中心（Myongdong Info Zone of Youth，MIZY，即明洞青少年交流中心），设立于2000 年 5 月，由首尔市政府委托联合国教科文组织韩国委员会运营，2012 年 3 月，经营法人转为大山慎镛虎先生创立的韩国大山文化财团。[②] MIZY 通过跨国电视会议和参与“泛大陆项目”（Pangaea Project），[③] 开设传统文化课程，使韩国青少年不出国就能与国外青年互动，并在一些国际问题上交流想法。此外，韩国的跨界协作还体现在主题博物馆和 IT 产业区与学校教育之间的有机结合上。比如韩国的金属印刷博物馆，就将附近的小学纳入其研发的合作伙伴或教育对象，而数字媒体城（DMC）则将原来的巨型垃圾场变成集广播、游戏、电影、动漫、音乐和网络教育为一体，注入信息与通信技

① 郭瑞佳：《韩国坡州出版城：超越对 Book City 的所有设想》，《出版参考》2013 年第 7 期，第 45 页。

② 该财团秉承创始人对教育与文化是国家和民族发展之捷径的信念，在朝鲜战争结束时的废墟上创立了“振兴民族教育”和“形成民族资本”的理念，20 世纪 90 年代则注入了“民族文化畅达”和“韩国文化全球化”的思路，在推动韩国文学创作的同时，将优秀作品译为外文向海外普及，并举办韩国与中国、日本等国家青少年之间的国际文化交流活动，授予留学生韩国文学奖学金和博士学位，助其更好地理解东北亚历史和文化。

③ “Pangaea”意为“我的朋友”，指地壳发生板块变动之前的大陆是一个整体，该项目的两位创始人曾是美国麻省理工学院的研究人员，因错过“9·11”事件被塔利班劫持的 UA93 次航班而幸免遇难，这使他们深信：如果在青少年时期就享有跨文化沟通的空间，建立各国青少年之间的友谊，世界可以少一些对差异文化的偏见。2003 年，二人创立了非营利组织“泛大陆项目”（Pangaea），现已在韩国、日本、中国、奥地利、马来西亚、越南、肯尼亚等 6 个国家的 11 个城市设立，其开设的课程主要利用特殊设计的软件，通过图标操作与国外青少年互动，使语言不再成为交流阻碍。

术的产业园区，使之成为一个代表未来发展方向的产学研究数字园区。①

四、韩国智慧教育对中国的启示

知识的传播与现实的联结，有赖于公私部门之间的合作，也需要跨学科、跨行业理论与实践的相互转换。韩国的“智慧教育”计划将教育相关行业纳入教育体系变革的进程，通过创建公私合作与官产学研协同创新的机制，在提升教育信息化水平的同时，为教育观念融入了多元性、能动性和互动性。教育及其相关行业中的多元利益相关方，分别成为能够为自身所扮演的角色带来积极变化的主体，使教育的静态被动状态变为动态互动状态。

因此，韩国“智慧教育”计划将投入20亿美金（相当于2.23万亿韩元），其表面上是教育环节和基础设施的信息化，实质上是一个系统化的教育理念构建过程，正如协同创新的原初概念是始于通过电子邮件跟踪过程和数据，从而推动对可视化的协同创新网络进行管理一样。② 在协同创新概念传播开来之后，信息化技术层面又被弱化甚至忽略，但在推动协同创新进程中遇到的重重阻力，使很多牵头高校自感推进乏力。回顾协同创新最初概念中使教育管理者通过数据分析发挥主动性以及通过可视化信息

---

① 曾灿金：《台北市政府教育局101年度国际交流参访活动计划——信息融入教学（ICT）及标竿学校计划》，台北市政府教育局，第42—43页。

② 协同创新网络（COINs）是众多来自同一组织不同部门或多个组织、拥有共同愿景和自我激励精神的个体，在互联网支持下共同致力于某一新理念的创作团队。2003年，麻省理工学院斯隆中心研究员葛洛（Peter Gloor）等人在美国计算机协会（ACM）第12届信息与知识管理国际会议上提交了《协同创新网络沟通模式的可视化：对若干万维网联盟工作组的分析》一文，通过分析三个创新团队与“万维网联盟”（WWW Consortium）主题相关的电子邮件往来记录，得出以下结论：首先，通过对COINs进行定位，组织能够把握创新活动轨迹，发现知识增长与实践需求的结合点，缩短知识创新和成果转化的时间；其次，通过将COINs信息公开，可提升协同效率，更准确地定位创新知识的源头，使交流过程明晰化；第三，关键贡献者由于可以在透明的COINs中得到识别，为组织提供了以制度激励创新引领者和主要协同者的可能；第四，沟通信息流的可视化有助于创造开放的工作环境，使团队成员之间增信释疑。参见Peter A. Gloor，Rob Laubacher，Scott B. C. Dynes，Yan Zhao. New Orleans，*Visualization of Communication Patterns in Collaborative Innovation Networks*：*Analysis of Some W3C Working Groups*，L. A.：The 12th ACM Conference on Information and Knowledge Management，2003，pp. 56 -60。

工具所能带来的颠覆性变革，韩国“智慧教育”的实施步骤及预算策略或许可以为我们提供参考和借鉴。教育实践和教育管理二者缺一不可，必须两条腿走路，使二者有机结合，才能更为准确地对教育发展动向做出客观判断，从而为教育公共决策提供高质量的咨询建议。

目前，中国教育改革领域正在发生变革，无论是“985 工程”、“211 工程”、“2011 计划”等教育革新举措，还是构建世界一流学科、建设智库、地区/专题研究中心的具体措施，都是符合这一潮流的。早在 20 世纪 80 年代，世界著名科学家，曾在麻省理工学院和加州理工学院留学，在新中国历史上与钱伟长、钱三强并称中国科技界“三钱”的钱学森先生，就曾提出“大成智慧”的教育理念，[①] 指出教育工作的组织、计划和管理是一项可应用现代组织管理技术的系统工程，要掌握教育系统工程的技术，首先要回答教育科学的基础理论问题，即：人的知识和应用知识的智力是怎样获得的？有什么规律？瑞士儿童心理学家皮亚杰（Jean Piaget）提出的发生认知论（genetic epistemology）认为：婴儿初生时大脑并没有成长起来，而是在生活中接受外界刺激后逐渐发育完善的，人的认识、道德和情感都是在主客体相互作用的过程中，由主体通过自我调节不断建构而成的。[②] 因此，不同的民族之间，先天智商的差别并不大，学习环境带来的认知建构对于智力的提升更为重要。因此，能否塑造有创新学风的教学环境，对于中国能否在全球“知识战”或“智力战”中取胜，具有根本的决定作用。要赢得这场战役，社会科学家要参加，自然科学家也要参加，它不只是教育工作者的事，而且需要大力推进开放、分享、合作与协同，这一攻关结果将左右中国未来教育事业的变革方向。[③]

（原载《世界教育信息》2016 年第 2 期）

---

① 钱学敏：《钱学森关于复杂系统与大成智慧的理论》，《西安交通大学学报（社会科学版）》2004 年第 4 期，第 51—57 页。

② Jean Piaget, *The Principles of Genetic Epistemology*: *Selected Works* (*Volume VII*), Paris: The Presses Universitaires de France, 1970.

③ 钱学森：《关于教育科学的基础理论》，《高教战线》1985 年第 1 期，第 25—26 页。

第五章　国外社科研究项目管理经验的启示

> 当我不知道我正在做什么时，我正在做的事情就是一项研究。
>
> ——沃纳·冯·布劳恩（Wernher Von Braun）

纵观美国、欧盟与韩国的社科研究项目管理模式，能够感受到两个明显的特征：首先，将社科创新知识视为公益提供，而创新人员和管理人员则为私有行为体和公益提供者的公私合作视角，带给我们的启示在于：在承认社科创新知识需要首先以自发方式呈现的前提下，在公共决策层面为私有行为体提供能够激励其奋发创新的有效机制、体制和政策，并通过一定的公私合作机制进行沟通交流，以项目资金的方式补偿其知识创新所带来的“正外部性”，推动大学和研究机构的知识创新与公共决策机构的知识管理者之间实现良性互动，是提高社科研究项目管理成熟度的有效路径。其次，社科研究项目的开展，实际上是一个同行交流网络的编织过程，项目招标方与项目申请方、项目负责人与课题组成员、项目会议参与各方，都是在一个项目主题下可以被纳入项目协同网络的利益相关方，他们的供给能力和创新需求之间所能达成的均衡，使得各种形式的学术交流成为必要。学术交流能够为科研创新和成果转化所带来的影响力，在本章也将做基于外交学院实践的案例介绍。

在以上两个方面的基础上，本章还将对高校社科项目经费管理的体制改革提出对策建议。

第一节　公私合作视角下的大学创新知识增长

大学学术交流是一种社会公益，具有非排他性和非竞争性的特点。本节以“大学学术交流活动这一公益何以增减”为研究问题，通过考察学术讲座的利益相关方在活动组织过程中的公私互构关系发现：组织者、主讲人、互动方所形成的交流氛围与大学教育管理部门及讲座利益相关方的个体收益之间的供需契合度，是讲座成功与否的关键变量。从这三方面入手，提高学术交流服务与创新目标的收益率和公益性，将有助于推动大学知识管理工作日臻完善。大学是开展课堂教学、推进学术研究、授予专业学位的高等教育机构，是社会发展的重要组成部分。西方大学最核心的学术价值观，归结起来有两个方面：自治权和学术自由。

一、自治权与学术自由：大学的价值观

欧洲中世纪城市的产生和商人行会（guilds）的出现，为教师行会提供了有利条件。他们得到教皇的特权许可，被集体授予在欧洲任何一所大学中教书的权利。教师的自愿联合组织被称为“universitas”（拉丁文中的“行会”），意为“由教师和学者组成的一群人”。[①] 行会的作用在于保护同行利益、限制内外竞争、规定业务范围、保证经营稳定、解决业主困难。[②]

---

① Hastings Rashdall, *The Universities of Europe in the Middle Ages*, Oxford: Clarendon Press, 1985, Vol. 1, p. 16. Gabriel Compeyré, *Abelard and the Origin and Early History of Universities*, New York: Arm Press, 1969, pp. 87 - 90. Hugh Chisholm, *Encyclopaedia Britannica: A Dictionary of Arts, Sciences, Literature and General Information (Vol. 27)*, Encyclopedia Britannica Company, 1911. Charlton T. Lewis, *A Latin Dictionary*, Oxford: Clarendon Press, 1966.

② Marcia L. Colish, *Medieval Foundations of the Western Intellectual Tradition (400 - 1400.)*, New Haven: Yale University Press, 1997, p. 267;［俄］克鲁泡特金著，李平沤译：《互助论》，商务印书馆1963年版。

当遭到外来势力干涉时，教师可以采取举校迁移和停止工作两种抗议方式。有趣的是，停止工作的不仅有大学教师和学生，还有已获学位、在教会或政府工作的毕业生。① 教师行会与商业行会里的工匠和手艺人一样，知识和学术的标准是自行制定的。12—13 世纪，行会势力很大。到 16 世纪中叶，手工工场出现，行会逐渐瓦解。教师行会转变为以授予学位为标志的大学，教员和毕业生获得教会和政府任职资格的机会增多，在中世纪社会中的影响力也日益壮大，② 但这并没有影响大学学术研究的独立性，欧洲大学的自治权意味着知识创新和学术积累不受教会和政府的控制。

世界上第一所授予学位的大学是 1088 年建立的意大利博洛尼亚大学。③ 不得不承认，从黑暗的中世纪发展到今天，西方社会的之所以能够成就辉煌，与学术自由精神有密不可分的关系，而东方社会曾经辉煌的文明在近代以后遭受重挫，则与其教育文化中学术自由的相对缺失联系在一起。以中国为代表的儒家文化和以阿拉伯国家为代表的穆斯林文化所构成的东方学术模式有一个共同的弊病：知识是由个人使其权威化的——经典的诠释者，而非经典本身，往往成为权威。④

尽管中国古代的高等学府可以追溯到公元前两千多年前，但与西方国家以行会为雏形发展到大学的脉络不同，中国更注重身心兼修的个体成长，最初是以私塾为学校的维形，后来发展为官办公学。中国最早的近代文化教育机构兴起于沿江沿海地区，清末第一所致力于培养翻译和洋务人才的官办外语学校京师同文馆建于 1862 年（1902 年并入京师大学堂，改名为“京师译学馆”），天津的北洋公学建于 1895 年，上海的南洋公学建

---

① Hastings Rashdall, *The Universities of Europe in the Middle Ages*, pp. 189, 401, 421.

② John Baldwin, “The Penetration of University Personnel into French and English Administration at the Turn of the Twelfth and Thirteenth Centuries”, in *Revuedes Edudes Islamiques*, XLIV, Special Issue on “Medieval Education in Islam and the West”, 1976, pp. 199 – 211.

③ Hilde de Ridder-Symoens, ed., *A History of the University in Europe* (*Vol. 1*: *Universities in the Middle Ages*), Cambridge, U. K.: Cambridge University Press, 2003, pp. 4 – 34. Pearl Kibre, *Scholarly Privileges in the Middle Ages*: *the Rights*, *Privileges*, *and Immunities of Scholars and Universities at Bologna*, *Padua*, *Paris*, *and Oxford*, Boston: Mediaeval Academy of America, 1962.

④ ［加］许美德著，许洁英译：《中国大学 1895—1995：一个文化冲突的世纪》，教育科学出版社 1999 年版，第 32 页。

于1896年，北京的京师大学堂建于1898年（1912年更名为北京大学）。现代中国的大学体系格局主要由公立大学、私立大学和教会大学三种类型组成，[①] 在学术研究的思路和方法上，多遵循中学为体、西学为用的办学原则。[②]

半封建半殖民地的中国经历了枪林弹雨的血雨腥风后，新中国终于建立，全国各项事业百废俱兴，教育领域的发展处于方兴未艾之时。十一届三中全会后，国家恢复高考。怀揣大学梦想的中青年学子终又走进大学校园。1986年、1997年、1998年和1993年，中央分别批准实施了《高技术研究发展计划（“863计划”）纲要》、《国家重点基础研究发展规划》（“973计划”）和“面向21世纪教育振兴行动计划”，提出重点支持部分高校创建世界一流大学和高水平大学的“985工程”。《中国教育改革和发展纲要》及国务院《关于〈中国教育改革和发展纲要〉的实施意见》中又提出面向21世纪分期分批重点建设100所左右的高等学校和一批重点学科与专业，力争在21世纪初有一批学科、专业接近或达到国际一流大学水平的高校，即“211工程”。随着中央和地方政府向教育领域投资的倾斜，大学的学术创新和交流活动不断增多，“创新”成为校园内的主流文化，如何创新引导着高校教师和研究人员的教学与科研思路和方法。

二、大学创新知识是如何增长的

大学创新知识是一种公益，一经发表在著作、期刊或网络上，或通过讲座、会议、采访等方式公开交流后，在信息获取渠道畅通的条件下（如拥有数据库免费下载权限的情况下），每个人都能够阅读、保存、引用，此即消费的非竞争性（non-rivalry）；某些人对某一大学创新知识的占有不会影响其他人，此即受益的非排他性（non-exeludability）。当前，由于各

---

① 成广海著：《中国近代大学与民族精神之培育——以北大、清华和南开三所著名大学为中心的研究》，山西大学2006年硕士学位论文，第1页。

② 汤一介主编：《北大校长与中国文化》，北京大学出版社1998年版，第22页。

国信息共享条件的差异，很多大学图书馆或公共图书馆对文献搜索权限设定了条件。比如，高校提供的漫游账户每天下载量设定了10篇的上限，这就使原本非竞争、非排他的纯粹公益（pure public goods）具备了排他性，而成为“非纯公益”或“准公益”（impure public goods）。再如学术讲座，如果举办场所只能容纳20人，那么“先到先得”的原则就会使这一公益成为非排他但需竞争的“公共池塘资源”（common pool resources，CPRs）。有人数限制并针对特定人群的学术交流，则属排他但非竞争的“俱乐部产品”（club goods）。与纯公益相对的，便是既排他又需竞争的“私有物品”（private goods）。享有完全知识产权的学术论文，就属私有物品。所以，从使用权的角度看，学术论文属于公益，而从所有权的角度看，学术论文则属于私有物品；其被规范引用的过程，便是使用权的共享，优质论文本身的价值因其为人所知、为人所用的程度而累积提升。

如果学术公益既无法排他，又无需竞争，那么当有些人提供得多，而另一些人提供得少时，就会存在搭便车的隐患，从而导致追求利益最大化的理性行为体出于自保和不亏的心理，对学术交流与分享采取消极态度。由于知识的创新源于需求和人的创新本能，即便是国际知名学术权威也不能担当起如政府那样的主导角色。在学术争鸣的无政府状态下，主体间的博弈如果是完全理性的，研究者自然会选择各方都不合作、不主动分享的纳什均衡（Nash Equilibrium）。现实中这样的状态是可以找到原型的，但这只是单次博弈时的均衡格局。当行为体有幸进入重复博弈环节时，彼此间的认知就会发生互构，逐渐生成彼此学习对方优点的冲动，而后采取合作的态度，但多数时候仍囿于方法不对路、能力不够强或规则不理解，而处于“欲向善而力不足”的尴尬境地。由知识创新利益相关方构成的学术网络，类似于欧洲教师行会的组织职能，他们以行业内有探讨价值的问题为导向，定期开展学术交流活动，帮助有创新思考的学者通过彼此间的互动、已有知识的互补、成功方法的分享，各取所需、相得益彰。学术网络或共同体建设这种公益活动存在的必要性和重要性即在于此，它们通过寻找能够满足创新需求、产权激励和出资意愿三个条件的公私合作（public-private partnerships，PPPs）均衡点，使合作项目框架中的所有利益相关方都能够通过知识分享提高能力，形成一种教学互长的能力建设机制。主张不纠结于人性善恶，而以人类无完全能力应对创新挑战为前提，积极推动公私行为体能力建设的公共治理流派，被称为“管理学派”（Management School）。① 管理学派主张应当通过公共和私有行为体的相互“拉动”和“推动”，共同致力于在私利的满足和公益的提供之间寻求平衡。这种平衡能够推动实现双向互构的“复杂学习”进程，② 从而形成互惠永续的战略合作伙伴关系。③

（一）创新知识增长的对等生产范式

2002 年，哈佛大学本科勒教授通过对 Linux 操作系统、亚马逊（Amazon）网站等自愿提供免费软件和互动式界面的商业模式的分析发现：Linux 所倡导的开放软件源代码（open source）和自愿免费下载操作系统的共享文化、亚马逊网站免费提供以消费者同行评议进行自评和完善的服务的生产方式，是在产品供给与用户需求之间的相关度（relevance）和可靠性（accreditation）基础上进行的“对等生产”范式。这种生产通过激发每个成员的创意灵感，以大量人员协同创新，完成有潜在附加价值和先发优势（first mover's advantage）的课题，其能够带来的巨大的规模效益和增值空间，远超过单纯依靠产权界定或价格标签带来的市场价值。本科勒在科斯产权理论的基础上，从 Linux（商标为南极企鹅 Tux）的行为中发现了自

---

① Marco Schäferhoff，Sabine Campe，Christopher Kaan，“Transnational Public-Private Partnerships in International Relations：Making Sense of Concepts，Research Frameworks，and Results”，*International Studies Review*，Vol. 11，2009，p. 463.

② Chris Argyris，Donald A. Schon，*Organizational Learning*，Reading，Massachusetts：Addison-Wesley，1980，pp. 20 – 26. 此处借用组织学习理论中的双环学习（double-loop learning）模型，说明公共治理规范在国家、次国家、地方层面的传播过程中，经历的是双向互构，而非单向适应（single-loop learning）的进程。单向适应的规范传播方式，被称为“简单学习”（simple learning），而双向互构的规范传播方式，则被称为“复杂学习”。

③ Faranak Miraftab，“Public-Private Partnerships：The Trojan Horse of Neoliberal Development?”，*Journal of Planning Education and Research*，Vol. 24，2004，p. 98.

愿提供公益的创新动力，认为信息技术为经济学提供了重要灵感，因此将论文命名为“科斯的企鹅”,[①] 与此观点相关的经济学理论则被称为开源经济学（Open Resource Economics）。[②]

开源经济学最大的贡献，是消除了人们对创新产品共享可能带来的“搭便车”行为的顾虑。通过免费提供下载软件或辅助信息服务，网络电商能够帮助消费者了解同类商品的性价比，认识到商家的用心和信誉，这一附加服务能够为企业带来更大的收益。[③] 这一共享理念也可以用来解释苹果电脑的创意。在大多电脑生产商通过广告投入提升销售额的情况下，苹果公司却将资金投向如何给消费者带来愉悦感所需的创意理念及全新的苹果电子插拔产品，从外观到操作系统、从美工到终端硬件、从摄像头到图片编辑、从音响到采购模式的颠覆性创新，使其销售量逐年上升。

人类的知识总是比语言能表达得更多。隐性知识（tacit knowledge）是个性化的，很多时候是可意会而不可言传的，因此又叫做“默会知识”。手艺、技术、信仰、视角或行为，很多时候体现的是不为人知的思维方式和意识形态，但在它们被描述或公开出来之前，都属于隐性知识。显性知识（explicit knowledge）是对人类未知世界进行补充、修正和深化的文字、声音及其他表达形式，则是知识管理的最终成果。学者的创新职责就在于将隐形知识转化为显性知识。开源式的对等生产是一种致力于大众创新的知识管理活动。知识管理成熟度从1级（无序级）向2级（简单级）、3级（规范级）、4级（优化级）、5级（持续改善级）跨越的“级越”或螺旋上升，取决于隐性知识向显性知识的转化效率。[④] 以对等生产范式确定

① Yochai Benkler, “Coase's Penguin, or, Linux and the Nature of the Firm”, *The Yale Law Journal*, Vol. 112, 3, 2002, p. 369. Linux 是免费使用和自由传播的类 Unix 操作系统。Linux 的企鹅 Tux（Torvalds UniX）商标来源于开源操作系统 UniX 的开发者李纳斯·托瓦兹（Linus Benedict Torvalds），其灵感来自企鹅所代表的极地是全球的公共用地。该商标的含义为：开源的 Linux，是为全人类共同所有的，任何公司无权将其私有化。

② Yochai Benkler, “Coase's Penguin, or, Linux and the Nature of the Firm”, *The Yale Law Journal*, Vol. 112, 3, 2002, p. 372.

③ Ibid, p. 445.

④ IkujiroNonaka, “The Knowledge - Creating Company”, in Peter Drucker, ed., *Harvard Business Review on Knowledge Management*, Boston: Harvard Business School Press, 1998, pp. 21 - 45.

的众创式问题解决方案，能够有效提升知识的转化效率，并通过与现实需求的有机结合，快速确定下一步需要挖掘的隐性知识是什么，从而开始新一轮的知识生产与转化。

（二）作为公益的大学学术交流活动

大学学术交流活动是通过教育管理部门（公共行为体）与教师、学者（私人行为体）的合作，邀请业界认可的代表性人物，介绍其新近著述或阐述其最新观点，通过与听众之间的交流互动，推动默会知识向显性知识转化的知识管理活动。根据形式的不同，大学学术交流活动可以分为论坛、会议、讲座三种形式。根据参与人员的来源地构成，可以分为国际和国内两类。根据活动目的的不同，可以分为实践导向型和研究导向型两类。实践导向型包括与专业相关的一线工作者的经验分享、研究方法指导等，其组织意图在于将实践与前沿理论相对照，更好地理解理论知识，为理论创新奠定实证基础。研究导向型则以科学研究方法为指导，针对某一专题中有创新潜力的研究议程进行深入挖掘与剖析，通过学术研讨碰撞思想火花、彼此交换观点、互通学术有无，各类专题研讨会、讲座、沙龙即属于这种类型。实践导向型学术活动重在走进真实的生活，窥察大千世界中有助于推进研究的样本，其作用类似于足不出户的“田野调查”。研究导向型学术活动则致力于把脉研究人员的思想世界，将存在于交流者头脑中那些无法言说、但至关重要的默会知识发掘出来，其功能类似于学术论文开题、答辩或导师的指导，旨在针对研究问题的提出、逻辑推理的过程、实证分析的思路、理论创新的意义进行批判，这是在无形世界中的交锋，而其难度高于实践导向型活动的原因也正在于其“不可见性”。理想的学术交流活动，是能够将实践导向与研究导向巧妙地结合在一起的设计，使抽象的理论创新能够在微观的社会实践中找到抓手，从而使批判和启发更为高效真切。

（三）大学学术交流的公私合作模式

大学的学术交流活动承载着挖掘显性知识背后的隐性知识这一重要使命。有学者指出：中国教育领域的知识管理目前呈现出显性知识共享做得比较好、隐性知识共享有待加强、更多关注知识交流与共享、没有上升到批判与创新层面的特点。[①] 理想的学术交流活动的促成不是一蹴而就的，而是一个知识管理的螺旋上升进程。从无序向简单、规范、优化乃至持续改善级的管理成熟度进化，有赖于大学中教育管理部门与教学、科研人员以及学生多方偏好和需求的交集在公私部门项目设计中的满足程度。

在学术交流活动中，高校职能部门代表的是公共行为体，参与各方则是代表不同偏好和需求的私有行为体。一场好的学术交流活动，应当是能够充分满足公共行为体的组织目标和私有行为体创新动力的互动式平台建设行为。那么，如何将“公”与“私”两方面的供需关系在学术交流活动中充分体现出来呢？

根据“塞缪尔森条件”（Samuelson condition），当某一公共治理范围内生产公益的边际社会成本（marginal social costs，MSC）与边际社会收益（marginal social benefits，MSB）相等时，即单个个体愿为公益付费的价格与每单位公益的生产成本相当时，便是公益提供的最有效规模。[②] 学术讲座多为公益性的，不需要个体支付费用，因此公式的两端应替换为：当个体对讲座的评估价值与每小时的讲座酬金相当时，学术讲座便是有效的。这类似于公共政策中的“影子价格”形成原理，[③] 与私有行为体的预期密切相关。基于这一条件，讲座的举办成功与否，不取决于讲座组织者或主讲人，也不取决于受众当中的某一个人，而取决于他们之间预期的契合程度。

---

① 曾祥霖著：《学校知识管理研究》，华东师范大学2006年硕士学位论文，第78页。

② Paul A. Samuelson，“The Pure Theory of Public Expenditure”，*The Review of Economics and Statistics*，Vol. 36，No. 4，1954，pp. 387 - 389.

③ “影子价格”指商业活动中，管理者为获取额外一单位既定资源所愿付出的最高价格。

根据布鲁姆的教育目标分类学,① 对于“什么样的讲座是哪些人所需要的”这个问题的回答，行为体的偏好自觉形成于3种情境：第一，知己不知；第二，不知己知；第三，知己已知。

1. 知己不知：弥补知识漏洞

对某一知识内容的学习是从“不知己不知”的状态开始的，也就是说在不是非了解不可的情况下，多数行为体不会有交流的冲动和学习的欲望。而在行为体接受新知识的过程中，“知识”和“领会”这两个认知水平的达成，使得行为体开始将自己的知识体系与未知体系划定边界，这个边界的划定完成标志着从“不知己不知”的状态进入“知己不知”。学术讲座组织者的初衷，很多时候正是出于这场讲座能够带给大家从前所不了解的新知识、新视角或新观点，使相对于听众来说的默会知识转化为显性知识。

2. 不知己知：思想头脑风暴

默会知识为人所知，如果只停留在语言文字的层面，则是相对表面化和抽象性的，需要通过实践加以“应用”，通过论证或批判进行“分析”，这个过程是对第一和第二认知层次的咀嚼和消化过程。通过学习者的亲身体验或反复思考，使得自己对知识的领悟不断沉淀，而对于这些“沉淀”，很多时候学习者并不自知。很多听众在倾听主讲人对某些社会现象或规律进行评论或思考的同时，会产生强烈的共鸣。这种共鸣不同于完全不了解或初步涉猎的知识，而是原本存在于自己知识体系中的默会知识被主讲人的观点表达所唤起，激发出思想火花，从而使自己先前不知道自己已经掌握了的默会知识有望转换为显性知识。这类讲座的作用就是“头脑风暴”(brainstorming)，通过围绕一定研究问题开展的交流活动，使涉身其中的行为体将自己忽略了的知识点，或先前曾经有过思考但尚未触发的思路，自然地流淌出来。

---

① Benjamin S. Bloom, J. Thomas and George S. Madaus, *Handbook on Formative and Summative Evaluation of Student Learning*, New York: McGraw-Hill, 1971.

3. 知己已知：分享而得更多

在认知层次的不断升华过程中，学术讲座的组织者会逐渐意识到一定范围内的听众对于怎样的问题感兴趣并能激发出灵感，符合哪些指标的创新研究成果能够满足这些听众的认知需求。讲座组织者在此承担的是知识企业家（knowledge entrepreneur）的角色，因为他们本身对学科前沿有较为准确的把握，可以引领听众去感受知识融会贯通之后的创新可能性与方向，从而在“知己已知”的情况下通过与人分享思想的盛宴，促成新知的产出。送人玫瑰，手有余香。

一场好的学术讲座意味着更少的投入换得更多的收益，收益可以体现在认知水平的提升过程中，也可以体现在讲座内容通过新的成果形式得以发表、讲座参与者之间建立联系以及后续的信息互通等知识管理技巧方面。学术交流活动的收益往往难以通过一次的货币价格来衡量，很多收益是在未来逐渐显现的。

讲座成本除了酬金，还有场地、协调、海报、设备、交通、食宿、纪要等诸多方面。在基本相同的酬金标准基础上，讲座给听众带来的启迪，可能处于从“知识”到“评价”的不同认知水平上，而不同的听众所需要的讲座难度和深度不同，因此能够将听众需求与组织者意图两相结合的，是更为成功的讲座。

三、总结与展望

当我们思考身边每一件与知识传承和创造有关的活动时，实际上是在宏观的教育理念和创新进程中做出行动的选择。正如王正毅教授在《世界体系与国家兴衰》一书的序言中所说的，与20世纪世界体系在政治和经济方面出现的核心区（国家）和边缘区（国家）的结构相对应的，是在知识方面也相应出现了核心区（国家）和边缘区（国家）的结构。其表现为：前者是知识的生产者，而后者是知识的消费者。后者的两难在于：要接受前者的知识，又担心失去自己悠久的文明；不接受，又担心自己在知识权力结构中处于劣势。王教授认为，历史上是有“例外”的。19世纪德国远远落后于英国时，黑格尔（G. W. F. Hegel）和康德（Immanuel Kant）成为知识的生产者，李斯特（Georg Friedrich List）和马克思（Karl Marx）在政治经济学领域做出了卓越贡献；20世纪50年代拉美处于边缘时，普雷维什（Raul Prebisch）和多斯桑托斯（Dos Santos）提出了“依附理论”；90年代区域化大潮中，东南亚国家创新性地提出了“东盟模式”。他认为，随着中国不断融入世界体系的程度加深，中国学者构建“中国特色”的国际关系理论的研究必将取得成绩，成为知识的真正生产者。①

作为一个国际关系教育领域的后来者，中国学者的学科、学派和学术自觉形成于1964年国内建立国际政治系40年之后的不惑之年。② 当部分美国学者还在对国际关系理论的“中国学派”尚存质疑时，③ 构建“中国学派”的努力，正在以强大的学术吸引力和系统的研究体系呈现在国际学术舞台上。德国全球和区域研究所（GIGA）亚洲事务部研究员倪宁灵（Nele Noesselt）认为：中国国际关系学派已不是一个空泛的口号，基于本土特征的“原生态”理论体系正在形成之中。④

一个学科知识的理论探索从消费者向生产者的转化，符合波普尔（Karl Popper）的科学知识增长发展公式：Pl—TS—EE—P2……。Pl是初始问题，TS是尝试性解决方案，EE是对尝试方法进行消错的过程，P2是结果状态，即新问题的产生。它不是简单的循环，而是一个反馈循环过程，因为P2总是不同于Pl。本质上，这是科学的哲学认知过程发展模式。

---

① 王正毅著：《世界体系与国家兴衰》，北京大学出版社2006年版，第3页。

② 秦亚青著：《权力·制度·文化：国际关系理论与方法研究文集》，北京大学出版社2005年版，第1页。

③ Patrick Thaddeus Jackson, Personal Interview during Prof. Jennifer Sterling-Folker's Video Lesson on " Philosophy of Science in IR (Post-positivism & Critical Theory" through Skype, October 24, 2012.

④ Nele Noesselt, "Is There A 'Chinese School' of IR?" *German Institute of Global and Area Studies* (*GIGA*), *Working Paper No. 188*, Research Programme: Power, Norms and Governance in International Relations, March 2012, http://www.giga-hamburg.de/de/system/files/publications/wp188_noesselt.pdf, [2017—03—11].

“消错”意味着整体或部分被证实或证伪，从而推进理论研究本身的发展。[①] 而大学学术交流也在这一过程中为“消错”提供了机会、平台和网络，为学科理论的推进做出了贡献。

（原载《2012年外交学院科学周论文集》，世界知识出版社2013年版）

第二节 学术交流对高校知识创新的影响力考察

民国二十年（1931年），著名教育思想家梅贻琦先生在清华大学校长的就职演说中讲道：“所谓大学者，非谓有大楼之谓也，有大师之谓也。”他认为：“学校犹水也，师生犹鱼也，其行动犹游泳也。从游既久，其濡染观摩之效自不求而至，不为而成。”[②] 梅先生的“大师论”强调的是大学中应当有引领时代思想潮流、对国家社会的发展具有巨大推动作用的人才；而其“从游论”则力求阐释培育丰沃的学术土壤、营造活跃的学术氛围对于培养大学卓越人才的重要意义。

学术氛围的主动营造是中外大学，特别是研究型大学所共同追求的。国际大学协会（U21）24所优秀研究型大学成员之一——美国康涅狄格大学（以下简称“康大”）在大学生管理实践中就采纳了杜威（John Dewey）在《我们如何思考》一书中的原则：“我们不推崇直接教育，而是通过环境间接影响学生。”[③] 这与梅先生的“从游论”所要表达的“主动塑造、间接影响”的教育理念是一致的。

营造学术氛围的目的，是在大学这一凝聚智慧、砥砺学问的园地中，

---

① ［英］卡尔·波普尔著，傅季重等译：《猜想与反驳：科学知识的增长》，上海译文出版社1986年版。

② 刘述礼、黄延复编：《梅贻琦教育论著选》，人民教育出版社1993年版，第10、102页。

③ John Dewey, *How We Think*, Boston: D. C. Heath & Co. , 1933, p. 22.

推动知识创新主体将未知的隐性知识转换为显性知识，再将最新发掘出来的前沿显性知识系统化、社会化（Socialize），进而在指导现实问题解决中得以外部转化（Externalize），并逐渐与已有的显性知识相融合（Combine），进而内化（Internalize）为符合认知体系的常识，这就是日本著名的管理学教授野中郁次郎（Ikujiro Nonaka）于1991年提出的知识创新SECI模型。[①] 这一致力于在隐显知识交界处探索新知增长点的知识管理思维方式，正是大学作为学科创新共同体所追求的。

根据美国项目管理专家洛克的界定，项目可分为工程类、制造类、管理类和研究类。[②] 通常认为，致力于知识创新的项目属于研究类，因为项目申报者只需要提交申请书、项目立项之后提交研究成果、顺利完成中期检查和结项检查即可。然而，从成功的科研项目执行过程来看，成功实现知识创新目标充满着各种不确定性，项目设计、预算管理、行动计划、交流活动、成果评估乃至成果转化的各个环节，都需要项目管理部门与科研创新人员之间就实践经验、预算管理、学术交流和成果转化进行全方位的双向沟通与学习，这样才能从根本上提升创新成果的质量。因此，从严格意义上来讲，大学知识创新项目应当属于知识管理部门与创新行为体协作并围绕具有知识产权的创新目标达成的公私合作管理类项目。

项目资助的知识创新不是同水平重复，而是在新知增长点带动下由多个隐显知识转化过程构成的螺旋式升级优化链。知识谱系中新知脉络的孕育、产出乃至繁茂，凝聚着公益需求与私人供给之间所能达成的公私供求均衡点所蕴藏的知识产权市场。这些公私供求均衡点就像是一个个小生命，从预备申报、创新研究、同行交流（会议、讲座、外出参会资助）、成果产出（出版资助、成果评奖）到面向社会各界的实际需求提供解决方案和能力建设的成果转化（结项研讨、学术宣传、政策报告、专题培训），

---

① Ikujiro Nonaka, "The Knowledge-Creating Company", *Harvard Business Review*, November-December 1991, pp. 97 – 104.

② ［美］丹尼斯·洛克主编，李金海等译：《项目管理》，南开大学出版社2005年版，第6—9页。

吸引着知识管理部门对研究的各环节进行“全过程”资助。①

从供求关系的视角考察大学知识创新项目研究，有助于把握知识创新的原初动力之所在，在大学的社会功能中若能在强调自主创新的同时，不忘学以致用，则可以使学术研究与现实需求紧密结合。于是，准确了解现实生活中与学科研究相关的问题、借鉴前沿学者的研究成果、将研究进展与同行交流，就成为项目研究过程中对创新动力不足这个风险进行规避的重要方式。1936 年，波兰学者奥索夫斯卡夫妇创建了“科学学”（Science of Science）这一学科。1939 年，英国物理学家、伦敦大学教授贝尔纳（John Desmond Bernal）在《科学的社会功能》一书中，借用中国道家学派创始人老子在《道德经》中描述物质世界变化发展规律的“道”，阐述了科学学的思想，并认为：“现代科学最伟大的发现有赖于不同来源的思想的相互作用。只有当吸收了不同思想的工作者聚集一堂时，才会产生这样的发现。交流是科学家唯一的桥梁。”② 因此，成熟和完善的项目设计，都会在项目启动时、研究初期、中期和结项阶段开展学术交流，并在项目申请书中纳入行动计划和预算支出。然而，学术交流活动对知识创新的影响力究竟如何？

本节通过对外交学院 2003—2013 年学术交流活动与科研创新成果的相关数据分析，力求证明这样的假设：科研创新成果量与学术交流频率成正比，但成果发表及社会转化率，与交流的利益相关方达成供求均衡所需的条件能否满足有关。

一、学术交流的定义及其质量评价指标

“学术交流”是指根据所研究的问题，以学术信息为传播与交互对象，由具有相关专业知识的研究人员参加的研究、探讨和论证活动，其目的在

---

① 外交学院中央高校基本科研业务费领导小组：《外交学院“中央高校基本科研业务费专项资金”管理办法文件汇编》，《前言》，2013 年 6 月版。

② ［英］贝尔纳著，陈体芳译：《科学的社会功能》，商务印书馆 1982 年版，第 398 页。

于传承学术、激励志趣、启迪思维、批判谬误和评价水准。根据信息交流的方式，可以将学术交流分为：正式和非正式（依据是否有组织性）、直接和间接（依据交流主体的参与形式）、横向和纵向（依据是否有跨学科或多学科交流内容）共 6 类学术交流活动。[①] 本节综合依据组织性、即时性和直接性，将学术交流分为会议类和非会议类学术交流两类。[②]

20 世纪 70—80 年代，美国运筹学家萨蒂（Thomas L. Saaty）提出了为复杂决策问题提供简便决策方法的层次分析法（Analytic Hierarchy Process，AHP）。[③] 中国学者则在此基础上提出了针对会议类学术交流的 32 项指标，学术创新程度、科研成果质量、知识产权保护、参与人员层次、社会影响效果、目标问题价值排在前六位。[④] 该指标体系旨在回答“好的学术交流活动应具备怎样的特点”的问题，但没有回答“学术交流活动在多大程度上推动了知识创新”的问题。当然，这两个问题彼此是相联的，很多学术交流活动本身就是创新成果的呈现。

二、外交学院学术交流与科研成果量化分析

凡申报学院科研经费举办学术讲座、学术会议和国内参会（1 次/年）以及依据《外交学院“中央高校基本科研业务费”专项资金管理办法》申

① 游媛：《学术交流质量评价指标体系的构建研究》，重庆大学 2012 年硕士学位论文，第 7 页。

② 会议类学术交流包括：学术年会、报告会、沙龙、圆桌会议、座谈会、头脑风暴会议、小组讨论会、专题讨论会、论坛、讲座、研修会、辩论会、视频会议等，是正式的学术交流形式，需要一定的组织和管理成本，但其行业影响力、嘉宾权威性和交流直接性使其具备较其他交流形式更大的吸引力。非会议类学术交流包括：学术期刊、电子期刊、学术网站、网络社区、学术博客以及电子邮件、社交媒体（如腾讯 QQ/微信、飞信 Fetion、微软网络服务 MSN、网络电话 Skype、谷歌语音搜索 Google Voice 等）。学术期刊的交流载体以学术论文为主，包括研究型、评论型和综述型论文，是主要的学术交流形式。其他网络交流方式有操作简单、成本低廉、反馈及时、存储量大的特点，也逐渐成为学术交流的重要组成部分。

③ Thomas L. Saaty, *The Analytic Hierarchy Process: Planning, Priority Setting, Resource Allocation*, Decision Making Series, New York: Mcgraw-Hill, 1980.

④ 游媛：《学术交流质量评价指标体系的构建研究》，重庆大学 2012 年硕士学位论文，第 25—37 页。

报举办学术会议或出国访学、参会的学术交流活动，均纳入此次统计。[①]

（一）交流与成果总量分析

从总量来看，科研成果发表一般会在受到学术交流活动灵感激发和思想启迪后的2—3年内公开出版或发表，二者之间呈现2—3年的“滞后期”。

表5—1　外交学院近十年学术交流活动院系分布图

年份	年举办次数	所属院（系/所/办）																	
		外交学与外事管理系	国际关系研究所	国际法系（中国国际法学会）	英语系	科研处（中国国际关系学会）	外语系	国际经济学院	基础部	院办、外办	亚洲研究所（原东亚研究所）	研究生部	学术研究中心	《外交评论》编辑部	中国外交理论研究中心	团委	图书馆	医务室	规划与发展办公室
2003	41	10	6	4	6	5	3	5	1	1									
2004	106	14	15	14	17	10	12	5	11	6				2					
2005	90	10	14	16	9	15	4	6	10	1		3				2			
2006	100	14	19	21	6	14	8	7	1	4	3	2		1					
2007	146	45	22	20	11	16	4	9	6	1	8	1				2			
2008	97	13	14	15	11	7	13	8	6	4	4	1				1			
2009	105	24	21	11	10	11	8	5		2	4	1	8						
2010	141	34	22	13	11	19	9	10	1	5	3	1	11						
2011	142	35	20	11	13	7	13	16	5	2	5	5	7	1					
2012	155	36	19	26	14	9	10	13	5		4	4	4	1	3	2	4		
2013	209	43	20	16	25	15	24	18	9	15	6	5	7	4	4			2	2
合计	1332	278	192	167	133	128	108	102	55	41	37	23	18	9	7	7	4	2	2

2003—2013年的10年间，外交学院共举办、参加各类学术交流活动1332场，年均举办133场（参见表5—1）。

---

① 本次统计的数据来自外交学院2003—2013年科研发展报告、外交学院科研管理系统相关数据、2003—2013年科研处工作档案一手数据，并得到科研处和财务处对部分数据的核实。

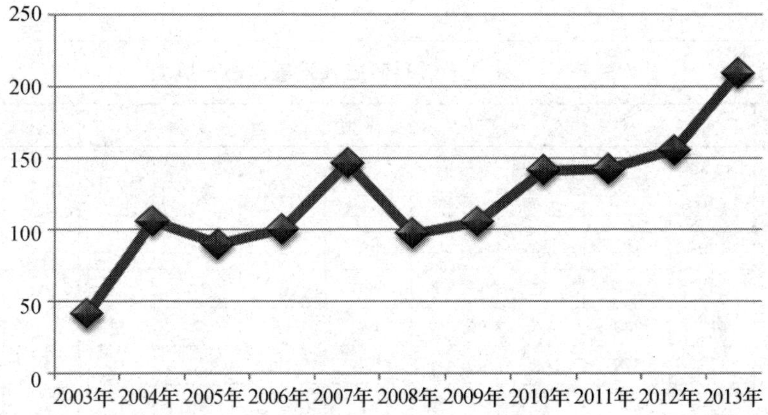

图 5—1　外交学院学术交流活动数量变化曲线

从全院过去 10 年的学术交流活动总量来看，峰值出现在 2004 年、2007 年和 2010 年，之后基本呈现持续上升的趋势（参见图 5—1）。

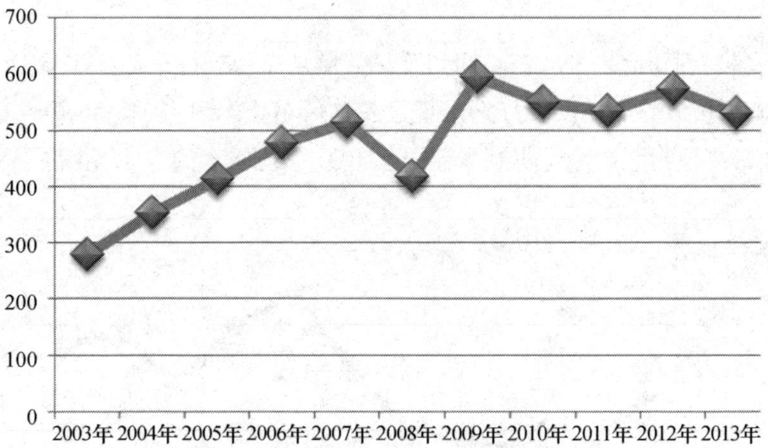

图 5—2　外交学院科研成果数量变化曲线

与学术交流活动相对应的，是科研成果的总量攀升。2007 年和 2009 年分别出现过两个峰值，2009 年达 594 项，为近 10 年来的最高值，此后的4年基本稳定在530—572项之间（参见图5—2和表5—2）。

表5—2　外交学院科研成果发表情况一览表

年度	种类									
	成果总数	论文	核心论文	核心比例	文章	译文	著作	教材	编著	译著
2003	279	174	99	56.9%	29	4	25	12		17
2004	352	186	62	33.3%	80	6	16	25	10	6
2005	412	247	66	26.7%	68	11	7	11	3	16
2006	477	279	68	24.4%	100	17	23	15	18	11
2007	514	292	75	25.7%	87	20	18	12	18	8
2008	416	245	111	45.3%	50	31	20	5	18	10
2009	594	324	156	48.2%	79	29	15	47	33	26
2010	549	340	137	40.3%	37	17	71	15	17	28
2011	533	331	103	31.1%	41	18	78	22	11	15
2012	572	310	133	42.9%	66	8	114	30	16	14
2013	530	316	124	39.2%	87	5	55	17	12	16

在科研创新成果中，核心期刊发文数量是一项关键指标。2003年、2009年和2012年核心期刊发文分别出现过三次峰值，2009年达156篇，也是10年来的最高值，之后的4年基本稳定在103—137篇之间（参见图5—3）。

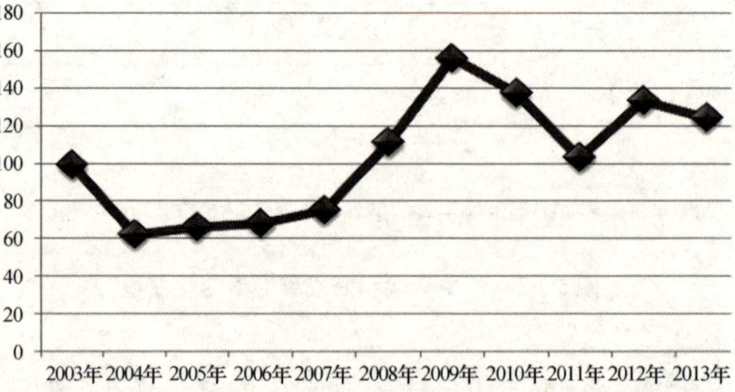

图5—3　外交学院核心期刊论文发表数量变化曲线

（二）交流与成果院系分布

以上数据是从过去10年每年全院的总量入手进行的较为宏观的数据比较，以下将从院系每年的学术交流活动和成果发表情况进行微观的数据比较。

过去10年，在各院系当中，学术交流活动量排在前4位的是：外交学与外事管理系（28场/年）、国际关系研究所（19场/年）、国际法系（17场/年）和英语系（13场/年）。然而，从科研成果发表量来看，全院前4位的排列情况却是：国际经济学院（98项/年）、国际关系研究所（89项/年）、外交学与外事管理系（80项/年）、英语系（65项/年）（参见图5—4）。

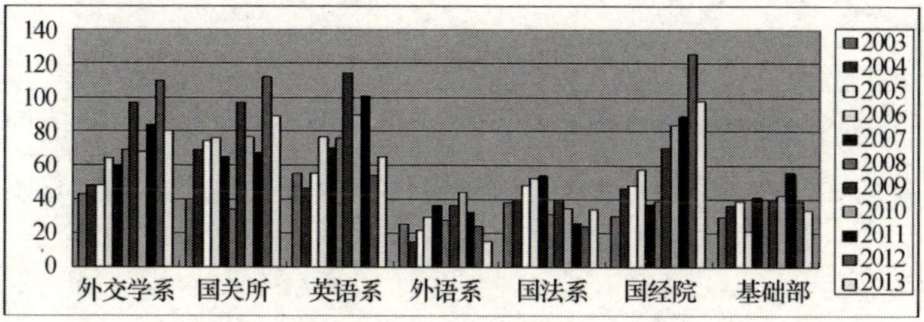

图5—4　外交学院主要院系科研成果发表数变化柱状图

从核心期刊发文数来看，排在全院前4位的是：国际经济学院（32篇/年）、英语系（18篇/年）、国际关系研究所（16篇/年）和外交学与外事管理系（14篇/年）（参见图5—5）。

国际经济学院的学术交流活动总量在全院仅居第7，但其科研成果数与核心期刊发文数均居全院最高。以下对核心期刊发文量位居前4名的学术交流活动与核心期刊发文量两条曲线分别进行比较。

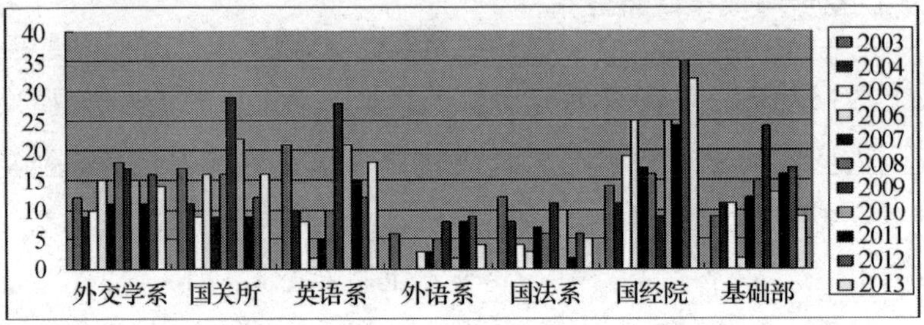

图 5—5　外交学院主要院系核心期刊论文发表数变化柱状图

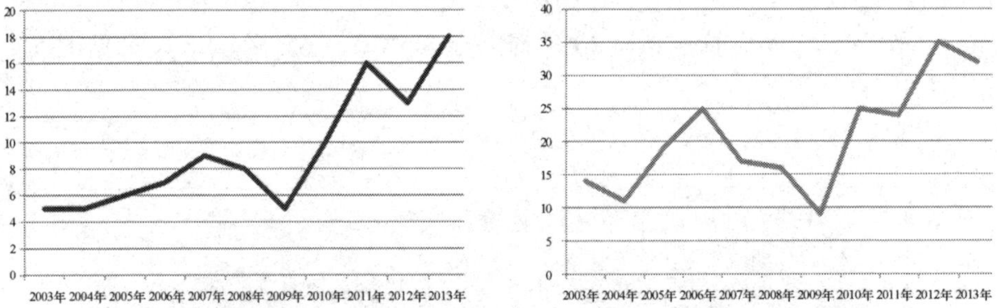

图 5—6　国际经济学院学术交流活动与核心期刊发文数量变化曲线比较

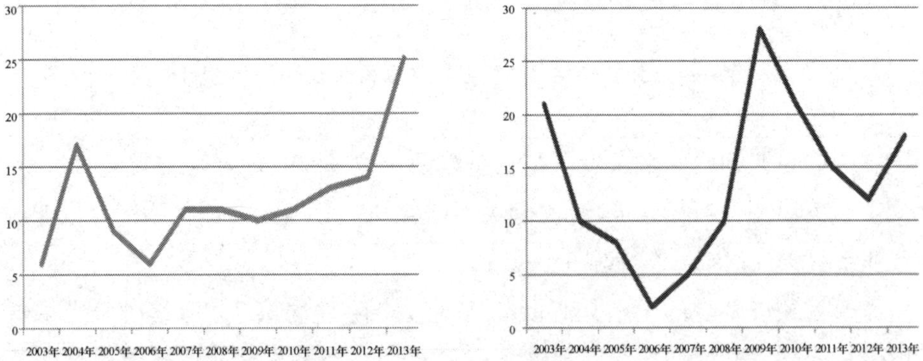

图 5—7　英语系学术交流活动与核心期刊发文数量变化曲线比较

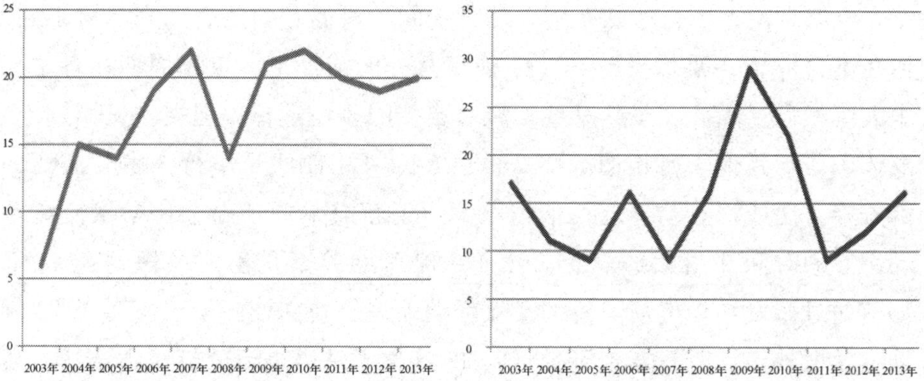

图 5—8　国际关系研究所学术交流活动与核心期刊发文数量变化曲线比较

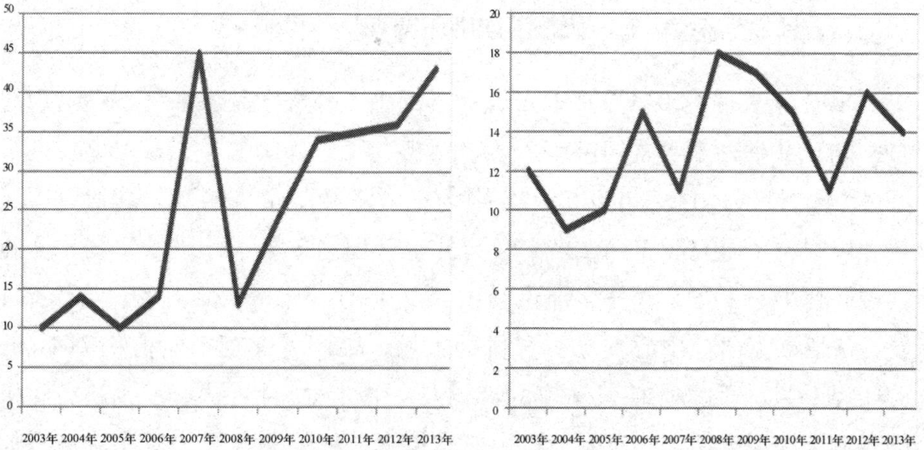

图 5—9　外交学系学术交流活动与核心期刊发文数量变化曲线比较

从图 5—6、图 5—7、图 5—8、图 5—9 可以看出，与英语系、国际关系研究所和外交学与外事管理系核心期刊发文数峰值较学术交流活动基本滞后两年的情况不同，国际经济学院的核心期刊发文数峰值分别出现在 2006 年、2010 年和 2012 年，与其学术交流活动量峰值出现时间（2007 年和 2011 年）相比，有提早 1 年的特点。①

也就是说，在自然状态下，尽管不同学科拥有的核心期刊数量不同，但在不允许“一稿多投”和“一稿多发”的前提下，审稿周期在各学科中大体相似。因此，虽然某些学科有更多的投稿选择，但在发文周期上，总体应当与其他学科相似。那么，最大的可能性便是举行学术交流活动的方式方法或许有差异。一般情况下，创新成果的产出会比学术交流活动举办的时间滞后大约两年。然而，滞后期并不是不能缩短的。那么，如何通过激发知识创新灵感的交流活动缩短创新周期呢？以下对 2012 年秋季学期外交学院新老校区举行的 25 场学术讲座进行分析，尝试从中找到答案。

三、外交学院 2012 年秋季学期讲座调查

2012 年 9 月—2013 年 1 月的秋季学期中，外交学院各系（部/所/中心/处/办）共举办学术系列讲座 25 场（参见表 5—3）。其中，展览路校区举办 17 场，沙河校区举办 8 场，分别为：国际经济学院 6 场、国际法系 4 场、国际关系研究所 3 场、外交学与外事管理系 2 场、外语系 2 场、金砖四国研究中心 1 场、《外交评论》编辑部 1 场、研究生部 1 场、英语系 1 场、法语国家研究中心 1 场、科研处 1 场、中国外交理论研究中心 1 场、院团委 1 场。通过对 25 场讲座的策划人、主讲人、主持人、听众进行随机问卷调查和深度访谈，我们发现，成功策划、组织和开展的学术讲座有如下特点：

① 英语系的学术交流活动峰值出现在 2004 年和 2007 年，核心期刊发文数峰值则出现在 2009 年；国际关系研究所的学术交流活动峰值出现在 2004 年、2007 年和 2010 年，核心期刊发文数峰值则出现在 2006 年和 2009 年；外交学与外事管理系学术交流活动峰值出现在 2004 年、2007 年和 2010 年，核心期刊发文数峰值则出现在 2006 年、2008 年和 2012 年。

表5—3　外交学院2012年秋季学期学术讲座（双校区）一览表

	校区	周	讲座名称	所属系列
1	展览路	四	2012年美国总统大选中的美国外交的地位	外交学系
2	展览路	四	国际关系理论中的地区概念	国关沙龙
3	展览路	二	欧洲人权保护的当前发展	学术沙龙
4	展览路	二	Mahatma Gandhi's Vision for a Peaceful World: How India and China Can Realize It?	金砖四国研究中心
5	展览路	四	What the American Public Wants: U. S. Foreign and Economic Policy after Obama's Reelection	国关沙龙
6	展览路	四	Fiscal Cliff and Quantitative Easing in the U. S. : Opportunities and Challenges	国经学院
7	沙河	一	Complementariness, Competition, and Cooperation in the Sino-American Economic Relations: No Ancient Wisdom and No Followers	国经学院（新校区）
8	展览路	三	Demystifying China's Monetary-cum-Exchange Rate Policy under Financial Repression in the 2000s	国经学院
9	沙河	三	国际金融体系大变局及其对中国的影响	国经学院（新校区）
10	沙河	三	经济学的思维方式与经济智慧	国经学院（新校区）
11	展览路	三	为什么中国是世界工厂，而印度是世界办公室？——制度环境与中印经济发展模式之比较	外交评论
12	展览路	三	国际环保组织与全球气候治理：以绿色和平为例	研究生会“环球瞭望”
13	沙河	三	法律人的素养	国际法系（新校区）

续表

	校区	周	讲座名称	所属系列
14	沙河	一	中国传统法律文化——第二次礼法之争	国际法系（新校区）
15	展览路	二	阅读、写作及翻译的认知语篇模式	英语系
16	沙河	五	国际气候谈判进程与中国的选择	外交学系（新校区）
17	展览路	二	未来十年中国经济的发展与中日关系	外语系
18	展览路	二	当竞争法开始说中文——国际竞争法规范在中国的社会化	国际法系
19	展览路	三	法国新任总统奥朗德对外政策	法语国家研究中心
20	展览路	四	美元霸权的兴衰	国经学院
21	沙河	三	亚太格局演变	科研处（新校区）
22	展览路	三	如何申报和实施教育部科研项目	项目管理
23	展览路	二	中日、日中双语互译及比较	外语系
24	展览路	一	关系与过程	国关理论
25	沙河	三	世界经济形势	院团委

注：讲座按酬金标准和时间升序排列，酬金相同的讲座以有无灰色底纹的方式加以区分。

（一）科研项目行动计划中已有设计

科研项目本身是对学者创新研究“外部性”的补偿，但在科研项目的激励机制设立之前，笔耕不辍的学者古已有之。优秀科研成果的发表并不与项目经费直接挂钩，而与学者的科研热情、治学态度及成果转化周期有关。那么，科研项目经费就自然而然地转向资助围绕预期成果开展的行动。传统意义上的讲座，以向知识管理部门申请资助为主，但举办讲座是涉及主题策划、宣传组织、行动协调、网络建设等多个利益相关方、自成系统的合作行为，其本身需要人员、交通、场地、宣传等与会议组织基本相似的费用。这一过程的所需投入与预期产出之间的不确定性，往往使组织者缺乏动力。在项目框架中设计交流活动，可以在一定程度上规避项目管理风险，确保项目成果质量，因此项目框架能够使学术交流活动更为主动、更可持续。

比如，国际经济学院的三场与美国量化宽松政策、中美双边经济关系和中国利率政策相关的英文讲座，就是在外国专家局资助的“引进海外高层次文教专家重点支持计划”项目框架下开展的，以项目负责人和外国专家合编著作为成果目标，以与《中美关系：‘双赢’还是‘零和’博弈?》相关章节内容为交流主题，面向新老校区师生展开教学互动。

对于未以竞争性项目立项的讲座申请者，现有的做法是将较为成体系的活动计划纳入科研经费资助的系列学术交流活动申请中，使项目组织者、参与者能够以自主自愿的方式开展交流。《外交评论》系列学术讲座（后更名为“经纬论坛”）的开展则采用这种方式。

（二）致力于学术创新的方法论指导

传统的学术交流活动多以成果汇报为主，而缺乏对于研究过程可复制方法的介绍与指导。因此，仅在一次交流活动中“授人以鱼”，其意义远不如以成果介绍为开场、以成功经验介绍为内容的“授人以渔”的方法论指导，后者更会受到参与各方的青睐。对于高校知识创新而言，方法论涵盖整个知识管理过程。从如何确定有意义的核心研究问题，到如何以社科实证方法加以系统论证，再到核心期刊论文发表的注意事项，乃至如何在已有研究成果的基础上发掘新的创新知识增长点、申报项目经费的支持，都非常需要经验分享与研讨交流。

此外，学术交流活动实际上还担负着另外一个重要的认知方法指导功能。通过更多地接触优秀同行及其研究成果，可以形成个人自成体系的评价标准，用以指导自己的创新研究。美国国际研究协会（ISA）年会与地区分会、中国国际关系学会（CNAIS）博士生论坛和清华大学政治学与国际关系共同体年会都能发挥这方面的作用。

（三）可持续学术网络的积累与拓展

每次学术交流活动的开展，都会形成一张学术网络。新的学术交流活动，是在原有的网络节点上开辟新的增长方向，产生具有创新力矢量的力矩。发源于网络节点的力矩是由自由迸发的灵感、强有力的论点和具有生命力的理论体系构成的多维立体空间结构。它是开放的：对国外学者开放，也对国内学者开放；对校内人员开放，也对校外人员开放；对校内教研人员开放，也对学生开放；对研究生开放，也对本科生开放。这张学术网络接触到的领域、单位或个人，都会从中受益并会受其吸引而加入，从而使网络向对其有需求的空间不断扩大。尽管学术网络内包罗万象、琳琅满目，但并不是同水平的重复交流。网络内每个个体都具备成体系的评价能力，可以形成较为一致的共识和标准，确定具有标杆影响力的“最佳实践”，进而使网络的增长基于超越“最佳实践”的优胜劣汰原则展开“奔向最优”的良性竞争，从而避免出于人的惰性和侥幸心理而出现的“扑向最劣”的恶性循环。[①] 因此，开放性、公益性和竞争性是可持续学术网络出现并发展的三个重要特点，其运行本身需要磨砺多年的学术积累和匠心独运的精良设计，是以策划者、组织者为代表的知识管理者和优秀学者为代表的知识创新同行通力合作的成果。

成功的学术网络构建本身也是有规律可循的，将学术网络构建作为项目目标开展研究，会大大提高知识管理者的主动性，提高网络拓展效率和创新成果转化速度。富布赖特学友会，就是对项目交流培养的学者网络进行可持续管理和拓展的项目管理典范。

通过对外交学院各教学、科研单位的学术交流资源分布情况进行微观考察，我们发现，开放性、公益性和竞争性特征的学术交流有赖

---

① David Vogel, “Trading Up and Governing Across: Transnational Governance and Environmental Protection”, *Journal of European Public Policy*, Vol. 4, 1997, pp. 556—571.

于协同创新的组织方式，其实现有赖于以下几个条件的满足：第一，向更广泛的主体开放，多中心主体在各自的确定性中“削尽冗余留清瘦”，减少创新过程中的不确定性；第二，以知识发展规律引导、项目负责人自主组织与其研究脉络相契合的研究团队，从而可以在国际化程度、官产学结合度、成果发表率和知识转化率方面进步更为显著；第三，在知识研发的早期，允许所选议题有交叉，在后期再行整合，能较好地实现研究视角的前瞻性与包容性；第四，创造多元行为体相互学习的常设平台，使研究人员可随时随地寻求共同体的协助，从而提升自身的问题解决能力；第五，知识管理者以专业项目管理的方式对知识创新进程进行微观控制，从而对“最佳实践”进行有组织的学习与转化。①

（原载《外交学院2013年科学周论文集》，世界知识出版社2015年版）

第三节　高校社科项目经费管理机制创新建议

大学学术创新环境的塑造，是一个包含创新人才培养、教学科研激励、学术平台构建等要素在内的复杂系统工程。既要激发大学中的每一个个体将个人知识之“私”融入大学知识创新之“公”，又要使私有行为体在公共创新平台中，将自我承诺和知识积累所凝结而成的思想结晶，与公共领域的知识需求，达成较优的结合。对于高校社科项目管理体制的创新，本节试提出一些可行性建议。

① Hirotaka Takeuchi，Ikujiro Nonaka，“The New New Product Development Game”，*Harvard Business Review*，January-February 1986，pp. 138—146.

一、积极引进国际国内人才，构建公益平台

邀请海外优秀学者到大学来进行课程编制、联合研究，学习向国外核心期刊发文的经验，而后通过相关项目资助，推动与学者所在国外大学或研究机构的互动交流，进而推动签署校际合作协议。

在引进海外人才的同时，也要在社科研究项目框架下，鼓励项目负责人邀请外单位人员参与项目研究，同时通过待遇优厚的人事制度，吸引国内优秀人才。

年度校际讨论会可以成为教职工交流教育管理经验和学科创新知识的平台，以出版论文集为媒介，面向全院就学院发展开展征文，邀请专家进行评审，入选论文集的作者在全院会议上发言，合理建议可纳入学院议事日程。参考国外大学每周举办“午餐会”的做法，设立公益学术交流平台，定期发布前沿研究成果，构建校内开放、公益和竞争网络。

二、开设方法培训，推动学生参与科研

在职方法培训是一种推动知识创新实现突破的重要途径。对于大学现有的科研与教改项目和申报执行方法、学术成果鼓励和评奖政策、职称评聘要求、部门档案编制、图书馆文献数据库的使用方法、高校智库资源等，都是高校教育管理工作人员亟需了解的内容。鉴于入职培训的公益性和专业性，在不影响正常工作的情况下，可以允许相关研究人员立项进行培训课程内容的研发。

大学生在踏入校门的那一天，无论是博士生、硕士生还是本科生，都应当成为知识创新团队中的一分子。大学生参与知识创新的方式有很多，比如参与学院教研人员的研究项目、担任博导或硕导的助教、撰写与专业相关的论文等。大学生的学术作品可以以学术类和非学术类两种文体出

现，学术类可向国内外学术期刊投稿，非学术类的展现方式较为多样，学生自主创办的校刊就是很好的平台。国外公立研究型大学创办校刊有悠久的历史和成熟的经验，可供我们借鉴。比如，康大是美国新英格兰地区最佳公立研究型大学和全美排名前20位公立研究型大学之一，其由学生自主创办的校报《校园日报》（*The Daily Campus*）就是一个成功典范。[①]

再如，作为美国发展最快的公立研究型大学的佐治亚大学公共与国际事务学院和国际贸易与安全研究中心（CITS），就为学生创造出课堂学习和就业实习之外更为广阔的创新知识用武之地。对本科生来说，他们可以通过参加题为“安全领导者”的一年期项目获得考取研究生的机会或掌握就业所需技能，[②] 并可以参加佐治亚大学与州内高中合办的“学生大使项目”，使本科生有机会获得课堂教学经验和公共服务经历，对热点问题通过从“学”向“教”的身份转换有更深入的把握。[③] 对研究生来说，CITS

---

① 《校园日报》为康大学生于1896年5月创办、正式出版发行的校报，创刊时名为 *The Lookout*（《眺望》），1915年更名为 *Connecticut Campus*（《康涅狄格校园》），后更名为 *Connecticut Daily Campus*（《康涅狄格校园日报》），1984年更名为目前的 *The Daily Campus*（《校园日报》）。最初为月刊。自1952年开始，春秋季学期每周发行5天。1955年，改为每日发行8000份，暑期每周发行2次，在康涅狄格州的校报中发行量居首位，在新英格兰地区仅次于麻省大学和哈佛大学。《校园日报》有“康大新闻”、“专题讨论”、“校园焦点”和“体育报道”4个栏目，编辑部设总编、执行主编、执行副主编、业务主管和发行主管，每个栏目设有相应的学生部长担任栏目主编和副主编，另有图片部、漫画部、图表部、广告部和网络营销部，各部面向所有专业设学生勤工俭学岗。《校园日报》是由美国800多所高校的学生记者组成的网络服务组织（UWIRE）的成员单位，UWIRE向各成员单位提供协同优化报刊的共享平台，帮助各高校学生记者宣传其各自校报的内容，并向专业新闻媒体和中学校刊推介高校报刊。

② 该项目将军控与核不扩散、生态安全、反恐、安全政策等与国际安全相关的学习、研究和体验紧密结合起来，选拔部分本科生考取研究生或掌握政府部门、非政府组织或实业单位就职的学识和技能。第一学期的课程是由中心研究人员和访问学者授课，采用模拟情境和角色扮演的教学法，提高学生在压力巨大的情况下，对未来挑战做出理性预见的能力，使之能够以不落窠臼的策略或方案应对和解决难题。第二学期则由学生直接参与核不扩散研究及拓展项目，从搜集原始数据到与全职研究人员共同开展项目研究、准备发言、撰写报告、组织会议、开展培训，学生都有机会跟随项目组赴校外或国外社会各界开展学术交流，进行独立研究。这些学生后来之所以能够成功申请到马歇尔奖学金、杜鲁门奖学金、富布赖特奖学金、国家安全教育以及进修学习的项目资助，或者到关键政府部门工作，都与他们在大学时受到的理论与实践培训密不可分。

③ Gary K. Bertsch，“The University of Georgia：Preparing the Next Generation”，*Journal of Nuclear Materials Management*，Volume XXXIV，No. 4，2006，pp. 25—27.

与洛斯阿拉莫斯国家实验室（NANL）[①] 和太平洋西北国家实验室（PNNL）[②] 建立的合作关系，为最优秀的研究生参与社会科学与自然科学跨学科交叉研究和培训、参与公共难题应对的不同阶段、未来进入相关职业通道，提供了广阔和理想的平台。[③] 当然，这一过程中既有跨学科学术文化差异的挑战，也有项目预算经费支出方式的固有思维定式形成的阻力，但通过大胆的尝试探索出来的这条国际关系产学研结合的知识转化之路，对于 CITS 和乔治亚大学来说，无疑是一笔宝贵财富。[④]

三、纳入项目“全过程”管理模式

科研经费是开展社科项目研究的基础资源，经费管理贯穿于整个社科研究项目管理的全过程。从“横向”视角分析，社科项目经费管理模式是

---

① 创建于 1943 年，位于美国新墨西哥州的洛斯阿拉莫斯，以研制出世界上第一颗原子弹和氢弹而闻名于世。其成立后的第一个任务就是研制核武器的“曼哈顿计划”，从此打开了研制和使用核武器的“潘多拉的盒子”。二战期间由罗斯福总统倡议建立、加利福尼亚大学负责管理。这里云集了大批世界顶尖科学家、多位诺贝尔奖获得者，共有 1.2 万名雇员。物理学家奥本海默（J. Robert Oppenheimer，1904—1967 年）是实验室首任主任和首席科学家。

② 始建于 1965 年，位于美国华盛顿州东南部哥伦比亚河和亚基马河交界的沙漠地带，是美国能源部所属综合性多学科实验室，致力于为国家安全、能源、环境等关键挑战提供科学解决办法。共有 9 个国家级实验、3500 名员工。20 世纪 80 年代末，主要服务于汉福德基地的应用研究，而汉德福基地正是第二次世界大战生产出第一颗原子弹核材料的地方。由于核材料生产污染了环境，20 世纪 80 年代末冷战结束后，美国联邦政府每年投入 20 亿美元用于环境治理，并于 1986 年耗资 2.5 亿美元在 PNNL 创建了环境分子科学实验室，希望从基础研究入手解决环境治理问题。

③ 20 世纪 90 年代初，佐治亚大学 CITS 主任加里·伯奇（Gary K. Bertsch）与洛斯阿拉莫斯国家实验室（LANL）研究人员吉恩·泰勒（Gene Taylor）合办以美苏核不扩散出口管控所面临挑战为主题的研讨会，泰勒认为 CITS 的研究生可以到 LANL 担任研究助理，从此开始了学生参与安全研究的尝试。自 1994 年开始，CITS 的研究生每个暑期都可以推荐研究生赴 LANL 参与研究。这为 CITS 带来了与美国能源部确立的由太平洋西北国家实验室（PNNL）负责管理的“核不扩散研究生项目”。由 7 位 CITS 研究生组成的团队与 PNNL 研究人员分工负责社会培训的学术内容和技术内容，该项目所使用的研究方法已成为出口管控发展水平的国际标准，为世界上 40 多个国家进行评估，为国际核不扩散事业做出了重要贡献。1998 年，在伯奇教授的指导下，研究生团队撰写并出版了展现项目研究成果的著作。参见：Gary K. Bertsch，Suzette R. Grillot，eds.，*Arms on the Market*：*Reducing the Risks of Proliferation in the Former Soviet Union*，London：Routeledge，1998。

④ Gary K. Bertsch，“The University of Georgia：Preparing the Next Generation”，*Journal of Nuclear Materials Management*，Volume XXXIV，No. 4，2006，pp. 25—27.

由经费筹集、分配、调整、支出、审计、结算等业务过程按照一定方式组成的过程网络系统。这些业务过程可以看做是经费的收集、分配、使用过程，通过提高这些业务过程的绩效，达到在输入有限经费的条件下，输出最大化产出效益的管理目标。开展社科研究和经费管理的最终目的，是提高社科研究水平，扩大社科研究的成果影响力。在有限投入的前提下，如何才能提高社科研究项目的收益率？提高社科研究项目的管理质量是有效路径之一。根据现代组织管理理论，侧重过程管理的 PDCA 循环（又称“戴明环”、质量环）是全面质量管理所应遵循的科学程序。

过程概念是现代组织管理最基本的概念之一，在 ISO9000:2000《质量管理体系基础和术语》中，将过程定义为：“一组将输入转化为输出的相互关联或相互作用的活动。”过程的任务在于将输入转化为输出，转化的条件是资源，通常包括人力、设备设施、物质资料和环境等。增值是对过程的期望，为了获得稳定和最大化的增值，组织应当对过程进行策划，建立过程绩效测量指标和过程控制方法，并持续改进和创新。过程管理是指，使用一组实践方法、技术和工具来策划、控制和改进过程的效果、效率和适应性，包括由过程策划、过程实施、过程监测（检查）和过程改进（处置）4 个阶段组成的 PDCA（plan-do-check-act）循环。PDCA 循环是美国质量管理大师戴明（Edwards Deming）在休哈特（Walter A. Shewhart）的统计过程控制思想基础上提出的（参见图 5—10）。

（一）过程策划（Plan）

第一步，从过程类别出发，识别组织的价值创造过程和支持过程，从中确定主要价值创造过程和关键支持过程，并明确过程输出的对象，即过程用户和其他利益相关方。第二步，确定过程用户和其他利益相关方的要求，建立可测量的过程绩效目标（即过程质量要求）。第三步，基于过程要求，融合新技术和所获得的信息，进行过程设计或重新设计。

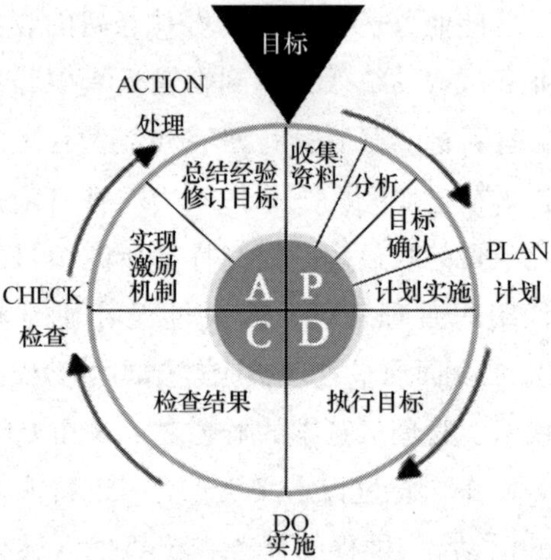

图5—10　PDCA循环示意图

图片来源：W. Edwards Deming，"System of Profound Knowledge：An Overview"，in Nigel Clements，*Deming's Thinking in the Modern World*，PRISM Consultancy Limited，2001，p. 17.

（二）过程实施（Do）

首先，使过程人员熟悉过程设计理念，并严格遵循设计要求实施。其次，根据内外部环境因素的变化和来自用户及投资方的需求信息，在过程设计的柔性范围内对过程进行及时调整。第三，根据过程监测所得到的信息，对过程进行控制。第四，根据过程改进的成果，实施改进后的过程。

（三）过程监测（Check）

过程监测包括过程实施中和实施后的监测，旨在检查过程实施是否遵循过程设计，达成过程绩效目标。过程监测可包括：产品设计过程中的评审、验证和确认，生产过程中的过程检验和试验，过程质量审核，过程输出抽样测量等。

（四）过程改进（处置）（Action）

过程改进（处置）分为两大类："突破性改进（处置）"和"渐进性改进（处置）"。"突破性改进（处置）"是对现有过程的重大变更或用全新的过程来取代现有过程；而"渐进性改进（处置）"是对现有过程进行的持续性改进。一般而言，渐进性改进是突破性改进的量变基础，而何时开展突破性改进，需要一个在全体成员中达成共识的进程。

根据PDCA循环，高校社科研究项目的"全过程"管理可以如下设计：

首先，在策划阶段，根据高校科研发展中长期战略和学科建设目标，确定年度预期科研成果的数量与特征，并确立项目管理成熟度提升和以项目管理促进成果产出两项目标。

第二，在实施阶段，建立可测量的项目管理绩效考核指标和创新激励机制，定期撰写科研项目管理和科研成果产出数据分析报告，使研究和管理人员动态把握进程。

第三，在监测阶段，确立第三方评估机构，通过与国际国内同行比较和标准比对的方式，考察目标实现程度和团队绩效考核与激励情况，并为下一阶段的改进提出建议。

第四，在改进（处置）阶段，根据自评与第三方评估结果，确定需采取"突破性改进"还是"渐进性改进"。若为"突破性改进"，则须将新的替代方案进行详述和论证；若为"渐进性改进"，则可以将处置方法纳入下一个PDCA循环。

与知识管理SECI模型相似，PDCA全过程的一次循环即项目管理隐性知识向显性知识转化的一次历程。"渐进性改进"意味着知识管理创新进程的螺旋式上升，而"突破性改进"则意味着该螺旋的终结，另一个知识管理生命螺旋由此开始。因此，"全过程"更像是一个又一个的生命过程，它意味着对于抽象过程的管理进行具象的分析和评测，否则，人们很难感知它们的存在，更难以评估它们是否已经有了进步。正如生命的历程，若不树立高远的志向并奋力去追逐梦想，在生命终结的时刻，我们可能会一事无成。相反，尝试确立一个又一个可行且相关的小梦想，并一一去实现，才能不断感受到生命的成长，实现人生的价值。

四、推动项目管理原则扁平化

社科研究要得到真正意义上的繁荣，单靠自上而下的科研规划、行政指令是难以实现的。各类致力于社科创新的基金会要实现职能转型，在结构已经基本固定的前提下，若能从组织原则入手，推动项目管理组织内部的原则由“自上而下”的行政体制向“扁平化”的项目体制转变，将项目团队面向问题解决的优势运用于自身的行政事务当中，可能会出现显著的革新绩效。美国的 NSF 已经通过自身的“组织卓越战略”验证了这一点。

当前，中国的高校项目管理组织结构是嵌于国家的差序政治体制结构当中的，这种静态的组织结构是既定的，包括政府财政部门、项目管理委员会、项目绩效评估委员会、项目审计机构、依托单位、科研管理部门、财务管理部门、资产管理部门、项目负责人（参见图 5—11）。

推动扁平化的举措可以是多种多样的，很多国外的先进经验值得借鉴。比如本书提到的几类国外社科项目推出的旗舰活动和培训，在项目总预算中是作为管理费划拨给项目管理单位，用于为项目受益人开阔研究视野和建设社交网络的。

实际上，社科研究项目管理中的很多难题，都可以通过合理使用管理费的方式，对项目管理人员进行激励，推动他们主动化解管理过程中所面临难题的自主性和能动性。比如成果转化方面的跟踪调研、与研究人员开展的项目经验座谈会、开设项目预算与研究方法培训班等，这些活动的规划、设计都需要经费支持。在纵向课题的项目招标工作中，国家社科基金、教育部课题主要资助的是高校教师与研究人员所做的与社科知识创新

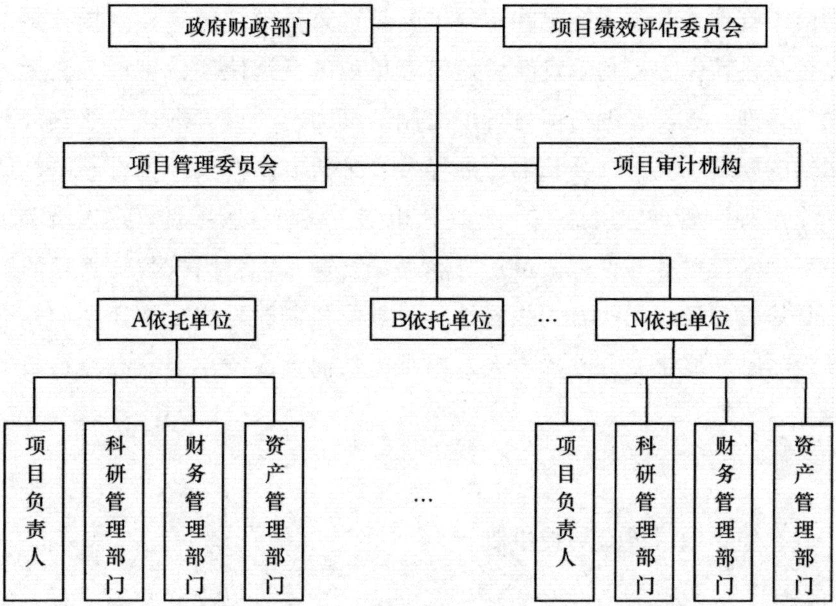

图 5—11　社科项目经费管理组织机构图

图片来源：笔者自绘。

密切相关的研究，却往往忽略项目管理本身所需要的研究和高校科研管理人员在这方面可能发挥的创新作用。一项全国性的社科基金在设立时，本身就应当拿出一定比例的管理费，用于高校科研或项目管理相关部门人员提升项目管理成熟度的活动。这样的经费管理机制一旦设立，也会带动高校上上下下重视项目经费的合理使用，对经费管理投入更多的精力，关注预算设计和经费使用方法，将自身在项目开展过程中遇到的问题在定期或不定期举办的平台中交流，从而使项目管理的整体水平得以提高。同时，项目招标方也应根据管理费的设立规定，对此笔经费的具体使用情况进行第三方审计和评估。尽管从项目经费的总体情况来看，增加了管理费的预算经费，好像更多地用于管理，更少地用于“物”的支出，但这样的一种预算结构调整，能够带来更符合项目战略的无形资产，也能使管理人员在有好的项目管理想法时，能更为便捷地实现。

由于管理费的使用情况并不与项目管理人员的绩效考核直接挂钩，很多高校是将其作为福利下发给科研管理单位的，这使项目管理人员无心研究项目管理，更没有创新项目管理机制的动力。项目管理这一兼具公私混合属性的职责，应当以公私混合的经费管理机制来开展，创设好的科研项目“全过程”管理环境这一“公共”机制，要与各级项目管理人员和项目内负责学术与财务的管理人员切身利益结合起来，将高校教育管理研究人员和高等教育管理工作者的积极性通过新的机制激发出来，让他们在合理的绩效激励环境中充分发挥主人翁精神，从而大大改善当前高校行政管理的效能。

五、建立项目风险防控机制

知识公益的混合属性决定了参与其中的公私行为体既享有因知识创新带来的公共资源享用权力，也担负着维护公共资源的责任，而这种权责关系可以通过项目风险防范机制对公私行为体加以约束，从而使所有利益相关方都能充分履行自身的角色、权责和任务，在项目经费的使用中，也能随时体现这样的权责关系。具体方式包括以下几种：

（一）设立项目担保基金

社科研究项目是存在无法完成预定目标的风险的，项目招标公共部门与项目研究团队中的私有个体，应当以“共担风险、共享收益”的方式开展项目合作，借鉴欧盟框架项目的管理经验，实行担保基金制度，能够在提升各方风险意识的同时，以经费的方式提供实际的担保。具体的实施方法是：所有社科研究项目的成功立项者都必须缴纳占项目总额5%的担保金，担保金从项目首付款中扣除，并由项目招标方的管理委员会负责管理。在项目执行过程中，如因项目参与各方未履行责任而导致损失，基金会将从项目担保基金中扣除部分款项，扣除金额的累计额度不能超过项目经费总额度的1%。项目结束后，这笔担保基金将返回给项目负责人。

（二）完善经费监督体系

在十八届中央纪委二次全会上，中央提出了加强对高校科研经费的管理和监督的要求。[①] 政府部门已充分意识到科研经费审计监督的重要性。但是，目前国内的科研项目经费审计监督，基本上还是侧重结项时的票据审查，缺乏从项目申报、预算设计、项目执行到项目评估的“全过程”项目管理能力建设机制和经费支出的动态跟踪监督方法。

从国外社科研究项目的管理情况来看，科研项目管理方一般都设有外部监督、内部监督和社会监督三方结合的监督评价体系，且三个方面的构成人员都来自独立评估机构，不代表公共部门，也不代表私有部门，能够更为客观准确地提供评估意见。在欧盟框架项目的预算栏目中，有一栏是专门的审计评估费用，是支付给外部评审机构的。既然这笔经费由项目申请人独立设计，从利益最大化的角度出发，一般而言不会考虑到外部、内部和社会三方共同开展监督评估，因为这会花费更多的项目经费。更为可行的做法是由项目招标方支出这笔费用，通过公开透明的方式遴选某类项目的外部评估专家，并通过一定的程序开展学术和财务评估与监督。项目招标方可以在总预算经费中将这笔经费的使用贯穿到项目“全过程”，将违约风险在平时的项目进展过程中尽量加以预防和化解。具体操作方法如下：

首先，由项目招标方成立项目学术评估顾问委员会，由具有深厚学术背景和杰出学术才能、丰富管理经验的人员构成，负责对年度重大社科研究项目学术成果进行考核评估，并向招标方提交绩效评估报告，招标方将据此作为对高校项目经费调整政策的依据。

其次，在社科项目管理单位内部设立独立的审计监督机构——项目审

---

① 王岐山：《在中国共产党第十八届中央纪律检查委员会第二次全体会议上的工作报告》，中国共产党新闻网，2013 年 1 月 2 日，http：//cpc. people. com. cn/n/2013/0226/c64094 - 20597121. html，2017 年 3 月 14 日登录。

计办公室，其人员从地方审计部门借调，与社科项目管理单位之间形成流动关系，彼此可共同组织面向高校科研管理机构和项目申请人的相关培训，并对项目执行情况进行全程审计和监督。

第三，建立社科项目等级评价系统。对所有成功立项的社科研究项目进行等级评价，具体包含五方面评分加权综合结果：项目目标设计（30%）、项目学术研究质量（30%）、项目行政与财务管理体系（20%）和项目成果转化效果（20%）。项目评估等级可在相关网站公布。这就要求项目负责人和团队成员既要成为学术研究专家，又要了解行政与财务管理规律从而确保项目获得较高的评价。

第四，建立社科项目依托单位信用评价体系。社科研究项目资助方与依托单位之间是以信用为基础完成过程管理的。引入信用管理机制，结合信用评级，建立机构和个人信用信息征集体系、信用监督管理体系和失信惩戒制度。科研信用管理要从信用记录开始积累，对科研机构、管理人员和研究人员根据信用级别分类管理，对于信用良好的科研机构和科研人员，给予相对宽松的经费预算调整空间。

第五，建立社科项目经费管理和成本核算网络信息平台。目前，各级哲学社科规划办公室大多建有“项目网上申报系统”、“社科项目管理系统”、“项目成果转化系统”、“社会科学机构管理系统”、“社会科学专家管理系统”、“社科研究基地管理系统”等信息化平台。借助这些信息平台，项目管理部门和研究人员可以快捷地掌握项目进展情况和相关政策规定，但尚未设立经费管理和成本核算系统，建立涉及体现项目经费业务过程（如项目经费的拨款、预算情况以及用款进度、结余情况）的经费信息数据库，做到经费管理信息的实时动态查询、统计和共享。项目管理者可随时了解该项目经费的预算及经费使用情况，有利于项目负责人合理控制项目进度；依托单位的科研管理部门和财务部门也可以对科研项目进行多层次的分析和管理，有助于实现科研经费由事后控制转化为事中控制。

第四节 结论

2014 年 3 月，在《国家中长期科学和技术发展规划纲要（2006—2020 年)》和《中共中央国务院关于深化科技体制改革、加快国家创新体系建设的意见》（中发〔2012〕6 号）两个文件的基础上，国务院提出了《关于改进加强中央财政科研项目和资金管理的若干意见》，提出了改进科研项目资金管理的一系列指导意见。① 2015 年 3 月，中共中央、国务院发布了《关于深化体制机制改革、加快实施创新驱动发展战略的若干意见》，倡导完善科研项目间接费用管理制度，强化绩效激励，合理补偿项目承担单位间接成本和绩效支出。② 2016 年 7 月 31 日，中共中央、国务院又印发了《关于进一步完善中央财政科研项目资金管理等政策的若干意见》，要求简化预算编制、下放预算调剂权限，不超过直接费用 10% 的，不需要提供预算测算依据，并明确提出要提高间接费用比重，加大绩效激励力度，中央财政科技计划（专项、基金等）中实行公开竞争方式的研发类项目，均要设立间接费用，核定比例可以提高到不超过直接费用扣除设备购置费的一定比例：500 万元以下的部分为 20%，500 万元至 1000 万元的部分为 15%，1000 万元以上的部分为 13%，并要求绩效支出安排与科研人员在项目工作中的实际贡献挂钩。③ 2016 年 9 月 7 日，财政部和全国哲学社会科

① 《国务院关于改进加强中央财政科研项目和资金管理的若干意见》，中国高校人文社会科学信息网，2015 年 9 月 14 日，https：//www. sinoss. net/2015/0914/63803. html，2017 年 3 月 10 日登录。

② 新华社：《中共中央国务院关于深化体制机制改革加快实施创新驱动发展战略的若干意见》，2015 年 3 月 23 日，http：//www. gov. cn/xinwen/2015 - 03/23/content_ 2837629. htm，2017 年 3 月 10 日登录。

③ 新华社：《中共中央办公厅、国务院办公厅印发〈关于进一步完善中央财政科研项目资金管理等政策的若干意见〉》，2016 年 7 月 31 日，http：//www. gov. cn/xinwen/2016 - 07/31/content_ 5096421. htm，2017 年 3 月 10 日登录。

学规划领导小组印发了新修订的《国家社会科学基金项目资金管理办法》，在中央建议的间接费用比例基础上，做出了新的调整：50万元及以下部分为30%；超过50万元至500万元的部分为20%；超过500万元的部分为13%。[1] 11月23日，财政部、教育部联合发布《高等学校哲学社会科学繁荣计划专项资金管理办法》，其中，关于间接费用的规定与新修订的《国家社会科学基金项目资金管理办法》的相关规定一致。

令人欣喜的是，间接费用的这一制度变革与本书在第一章第二节针对北京高校社科项目经费管理体制报告中提出的第三项对策基本吻合。可见，身处社科项目经费管理体制中的决策者、管理者和研究者，在借鉴国内外先进管理经验的基础上，得出的适合本土实践的制度变革观点，在很多时候是一致的。从这个意义上讲，那些被认为是合理、但尚未付诸实施的革新建议，在未来合适的时机，也很有可能纳入制度演化的进程。比如，北京市和地方科研项目经费管理办法是否也会做出相应调整？是否可以设立科研项目管理员岗位？是否可以引入担保基金和风险融资工具等。随着国家对知识创新和教育变革事业的日益重视，相信社会科学及高等教育知识管理体制中的很多瓶颈都能够得以突破。

知识作为一种公私混合的公益，它既可以是免费的，也可以是有价的，而对人类创新进程的推动是永难定价的伟大行动。在推动知识公益创新的过程中，因其价值在为大众所熟知之前是“不可见”的，所以很多必要的投入往往是缺乏甚至空白的。越是发达社会，对于这种无形价值的认知程度越高，在项目经费的预算设计当中，也越能体现出有益于推动知识公益得以可持续提供的宗旨和目标。对知识这一类兼具公私混合属性的公益而言，其学术与财务管理方式也应当充分体现公私混合特点和公私合作

---

① 财政部、全国哲学社会科学规划领导小组：《关于印发〈国家社会科学基金项目资金管理办法〉的通知》（财教［2016］304号），中央政府门户网站，2016年9月7日，http://www.gov.cn/xinwen/2016-09/28/content_5112958.htm，2017年3月10日登录。《国家社会科学基金项目资金管理办法》中将“间接费用”界定为：责任单位在组织实施项目过程中发生的无法在直接费用中列支的相关费用，主要用于补偿责任单位为项目研究提供的现有仪器设备及房屋、水、电、气、暖消耗等间接成本，有关管理费用，以及激励科研人员的绩效支出等。

关系。

科学知识创新是自发的过程，思想者之间的合作与市场中的行为体自主协调的过程非常相似。市场中的消费者会对产品价值做出自主判断，而科学领域则是通过专家之间开放探讨的方式，使创新知识自然而然地得以形成。创新知识的市场形成这一比喻，实际上是研究人员的个体创新劳动与科学公共领域创新需求之间的公私供求均衡达成过程。英国学者迈克尔·波兰尼（Michael Polanyi）就曾说过，科学研究方法可以帮助学者以专业精准的实证方法探求真理，但知识的来源从来都来自个人对探索未知世界做出的自我承诺。[①] 只有当追求真知本身被视为目的（而非手段）时，优质的学术交流活动才能得以举办、创新潜力才能被不断挖掘，学科知识创新才能得到真正意义上的繁荣。

---

① Michael Polanyi, *Science, Faith and Society*, Washington D. C.: The Catholic University of America Press, 1946; Michael Polanyi, *The Logic of Liberty*, Illinois: University of Chicago Press, 1951. Michael Polanyi, *Personal Knowledge: Towards a Post-critical Philosophy*, Illinois: University of Chicago Press, 1974.

参考文献

一、专著/编著/报告

［1］［美］安德森·索斯尼克主编，谭晓玉、袁文辉等译：《布卢姆教育目标分类学：40 年的回顾》，华东师范大学出版社 1998 版。

［2］陈洪捷著：《德国古典大学观及其对中国大学的影响》，北京大学出版社 2002 年版。

［3］丁煌：《西方行政学说史（修订版）》，武汉大学出版社 2007 年版。

［4］符娟明等主编：《国外研究生教育》，人民教育出版社 1997 年版。

［5］［荷］弗兰斯·范富格特著，王承绪译：《国际高等教育政策比较研究》，浙江教育出版社 2001 年版。

［6］贺国庆著：《德国和美国大学发达史》，人民教育出版社 1998 年版。

［7］贺国庆著：《外国教育专题研究文集》，河北大学出版社 2001 年版。

［8］李洲浩著：《通向人才大国之路：智能教育推进战略（草案）》，韩国教育科学技术部 2011 年版。

［9］刘贞晔著：《国际政治领域中的非政府组织——一种互动关系的分析》，天津人民出版社 2005 年版。

［10］［美］克拉克·科尔著，陈学飞等译：《大学的功用》，江西教育出版社 1994 年版。

［11］［英］迈克尔·夏托克著，王义端译：《高等教育的结构和管理》，华东师范大学出版社 1987 年版。

［12］潘琪昌主编：《百年中德关系》，世界知识出版社 2006 年版。

［13］秦亚青：《权力·制度·文化：国际关系理论与方法研究文集》，北京大学出版社 2005 年版。

［14］任东来、陈伟、白雪峰等著：《美国宪政历程：影响美国的 25 个司法大案》，中国法制出版社 2004 年版。

［15］［美］斯蒂芬·P. 罗宾斯、玛丽·库尔特著，孙健敏等译：《管理学（第七版）》，中国人民大学出版社 2004 年版。

［16］［美］唐·泰普斯科特、安东尼·D. 威廉姆斯著，何帆、林季红译：《维基经济学：大规模协作如何改变一切》，中国青年出版社 2007 年版。

［17］滕大春著：《美国教育史》，人民教育出版社 1994 年版。

［18］《外国教育丛书》编辑组编：《高等教育的发展与改革》，人民教育出版社 1984 年版。

［19］王铁崖：《中外旧约章汇编（第三册）》，三联出版社 1962 年版。

［20］王廷芳主编：《美国高等教育史》，福建教育出版社 1995 年版。

［21］［德］魏伯乐、［美］奥兰·扬、［瑞士］马赛厄斯·芬格主编，王小卫、周缨译：《私有化的局限（罗马俱乐部报告）》，上海三联书店、上海人民出版社 2006 年版。

［22］［古希腊］伊索著，刘晓晖改编：《下金蛋的鹅》，广州新华出版发行集团、广州出版社 2011 年版。

［23］曾灿金：《台北市政府教育局 101 年度国际交流参访活动计划——信息融入教学（ICT）及标竿学校计划》，台北市政府教育局，2013 年 12 月 15 日，http：//www. openreport. taipei. gov. tw/OpenFront/report/show_ file. jsp？ sysId = C101AW592&fileNo = 1。

[24] Ackerman, Frank, Lisa Heinzerling, *Priceless: On Knowing The Price Of Everything And The Value Of Nothing*, New York: New Press, 2005.

[25] Altbach, Philip G., R. O. Berdahl, *Higher Education in American Society*, New York: Prometheus Books, 1987.

[26] Baglione, Lisa A. *Writing a Research Paper in Political Science: A Practical Guide to Inquiry, Structure, and Methods*, California: Thomson Wadsworth, 2007.

[27] Bienkowski, Marie, Mingyu Feng, Barbara Means, *Enhancing Teaching and Learning through Educational Data Mining and Learning Analytics: An Issue Brief*, Office of Educational Technology, U. S. Department of Education, Center for Technology in Learning, Stanford Research Institute (SRI) International, October 2012, https://tech.ed.gov/wp-content/uploads/2014/03/edm-la-brief.pdf.

[28] Bloom, Benjamin S., J. Thomas, George S. Madaus, *Handbook on Formative and Summative Evaluation of Student Learning*, New York: McGraw-Hill, 1971.

[29] Bodde, Derk. *Peking Diary: A Year of Revolution*, New York: Henry Schuman, Inc., 1950.

[30] Brubacher, John S., Willis Rudy, *Higher Education in Transition: A History of American Colleges and Universities, 1636-1976*, New York: Harper & Row Publishers, 1976.

[31] Community Research of European Commission, *FP7 in Brief: A Pocket Guide for Newcomers*, Luxembourg: Office for Official Publications of the European Communities, 2007.

[32] Cunningham, R. L., "Ethics and Game Theory: The Prisoner's Dilemma", in G. Tullock, ed., *Papers on Non-Market Decision Making II*, Charlottesville, VA: Thomas Jefferson Center for Political Economy, University of Virginia, 1967.

[33] Davenport, Thomas H., Laurence Prisak, *Working Knowledge: How Organizations Manage What They Know*, Boston: Harvard Business School Press, 1998.

[34] De Ridder - Symoens, Hilde, ed., *A History of the University in Europe (Vol. 1: Universities in the Middle Ages)*, Cambridge, U. K.: Cambridge University Press, 2003.

[35] Dewey, John, *How We Think*, Boston: D. C. Heath & Co., 1933.

[36] Drucker, Peter F., *Harvard Business Review on Knowledge Management*, Harvard Business School Press, 1998.

[37] E. E. Adam Jr., R. J. Ebert, *Production and Operations Management (5th ed.)*, Upper Saddle River, NJ: Prentice Hall, 1992.

[38] European Commission, FP7 Grant Agreement - Annex II General Conditions (Version 6), January 24, 2011, http://ec.europa.eu/research/fp7/pdf/fp7_grant_agreement_annex_ii_-_general_conditions.pdf#view=fit&pagemode=none.

[39] Flexner, Abraham, *Daniel Coit Gilman: Creator of the American Type of University*, California: Harcount, 1946.

[40] Francesco, Cordasco, *Daniel Coit Gilman and the Protean Ph. D.: The Shaping of American Graduate Education*, Leiden: E. J. Brill, 1960.

[41] Good, Harry Gehman, James David Teller, *A History of American Education*, New York: MacMillan, 1968.

[42] Gore, Al, *From Red Tape to Results: Creating A Government that Works Better and Costs Less*, Report of the National Performance Review. Darby, Pennsylvania: DIANE Publishing, 1993.

[43] Hawkins, Hugh, *Pioneer: A History of the Johns Hopkins University, 1874 - 1889*, Ithaca, New York: Cornell University Press, 1960.

[44] Henderson, Algo D., et al., *Higher Education in America*, Cali-

fornia：Jossey – Bass Publishers，1975.

[45] Hess，Charlotte，ElinorOstrom，eds.，*Understanding Knowledge as a Commons：From Theory to Practice*，Cambridge，Massachusetts，London，England：The MIT Press，2007.

[46] IBM，*Education for a Smarter Planet：The Future of Learning*，IBM Global Education，2009.

[47] Kaplin，William A.，*The Law of Higher Education*，California：Jossey – Bass Publishers，1985.

[48] Kaul，Inge，Pedro Conceição，Katell Le Goulven，Ronald U. Mendoza，*Providing Global Public Goods：Managing Globalization*，Oxford，New York：Oxford University Press，2003.

[49] Kerry，Smith G.，*Twenty Five Years：1945 – 1970*，California：Jossey-Bass Inc. Publishers，1970.

[50] Kibre，Pearl，*Scholarly Privileges in the Middle Ages：the Rights，Privileges，and Immunities of Scholars and Universities at Bologna，Padua，Paris，and Oxford*，Boston：Mediaeval Academy of America，1962.

[51] Kollock，Peter，Marc Smith，"Managing the Virtual Commons：Cooperation and Conflict in Computer Communities"，in S. Herring，ed. *Computer – Mediated Communication：Linguistic，Social，and Cross – Cultural Perspectives*，Amsterdam：John Benjamins，1996.

[52] Mifflin，Houghton，ed.，*American Heritage Dictionary of the English Language*（4 edition）. New York：Turtleback，July 1，2001.

[53] Lynn，Laurence E.，Jr.，Stein，Sydney，Jr.，*New Public Management Comes to America*，Harris School Working Paper（Series 08. 04），the University of Chicago，Presentation at the International Conference on Public Management in North America，El Colegio de Mexico，Mexico City，October 27 – 28，2005，http：//harris. uchicago. edu/sites/default/files/working – papers/wp_08_04. pdf.

[54] Nonaka, Ikujiro, "The Knowledging – Creating Company" in *Harvard Business Review on Knowledge Management*, Boston: Harvard Business School Press, 1998.

[55] North, Douglass C., Andrew R. Rutten, "The Northwest Ordinance in Historical Perspective", in David C. Klingaman, Richard K. Vedder, eds., *Essays on The Economy of the Old Northwest*, Athens: Ohio University Press, 2011.

[56] Olsen, Mancur, *The Logic of Collective Action: Public Goods and the Theory of Groups*, New York: Schocken Books, 1965.

[57] Palmisano, Samuel J., *A Smarter Planet: The Next Leadership Agenda*, IBM Corporation, Remarks as prepared for the IBM Business Leadership Forum in Istanbul, Turkey, November 12, 2008, http: //www. ibm. com/ibm/cioleadershipexchange/us/en/pdfs/SJP_ Smarter_ Planet. pdf.

[58] Piaget, Jean, *The Principles of Genetic Epistemology: Selected Works* (*Volume VII*), Paris: The Presses Universitaires de France, 1970.

[59] Plato, *The Republic* (Trans. by Benjamin Jowett), New York: Dover Publications, Inc., 2000.

[60] Polanyi, Michael, *Personal Knowledge: Toward a Post – Critical Philosophy*, Chicago: University of Chicago Press, 1958.

[61] Rheingold, Howard, *The Virtual Community: Homesteading on the Electric Frontier*, New York: Addison – Weslay, 1993.

[62] Schröder, Miriam, *Local Climate Governance in China: Hybrid Actors and Market Mechanisms*, New York: Palgrave Macmillan, 2012.

[63] Thwing, Charls Franklin, *The American and the German University: One Hundred Years of History*, London: The Macmillan Company, 1928.

[64] The National Science Foundation, *Fact Sheet: NSF – Funded Nobel Prize Winners in Science through 2013*, October 22, 2013, http: //www. nsf. gov/news/news_ summ. jsp? cntn_ id = 100683.

[65] The National Science Foundation, *FY 2004 Assessment Methods and Results: Organizational Excellence Goal*, August 25, 2011, www. nsf. gov/oirm/bocomm/meetings/june_ teleconf_ 2004/oe_ goal_ assess. doc.

[66] The National Science Foundation, *Grants. gov Application Guide: A Guide for Preparation and Submission of NSF Applications via Grants. gov*, January 14, 2013, http://www. nsf. gov/pubs/policydocs/grantsgovguide0113. pdf.

[67] The National Science Foundation, *National Science Foundation Strategic Plan FY 2003 – 2008*. September 30, 2003, http://www. nsf. gov/pubs/2004/nsf04201/FY2003 – 2008. pdf.

[68] The National Science Foundation, "Proposal Award Policies and Procedures Guide", "Part II: Award & Administration Guidelines", "Chapter V. Allowability of Costs" [NSF 07 – 140, OMB Control Number: 3145 – 0058], April 2007, Effective June 1, 2007, http://www. nsf. gov/pubs/policydocs/papp/aag07140. pdf.

[69] Toffler, Alvin, Heidi Toffler, *Revolutionary Wealth: How It Will Be Created and How It Will Change Our Lives*, Crown Business, 2007.

[70] Walter Johnson, Francis JamesColligan, J. W. Fulbright, *The Fulbright Program: A History*, Chicago: University of Chicago Press, 1965.

[71] Weerts, David J., *State Governments and Research Universities*, New York: Routledge Falmer, 2002.

[72] Weiss, J. W., R. K. Wysocki, *5 – Phase Project Management Reading*, MA: Addison – Wesley, 1992.

二、期刊/会议论文

[1] 安雪飞、李鸿玉：《普通高校科研项目管理探讨》，《湖南农业大学学报（社会科学版）》2008 年第 9 卷第 2 期。

[2] [德] 彼得·贝克尔，[保加利亚] 奥格尼安·N. ·希舒，刘可

扬:《里斯本进程: 要求与现实》,《世界经济与政治》2005 年第 10 期。

[3] 柴生秦:《新公共管理对中国行政管理改革的借鉴意义》,《西北大学学报(哲学社会科学版)2000 年第 30 卷第 2 期。

[4] 陈劲:《从技术引进到自主创新的学习模式》,《科研管理》1994 年第 15 卷第 2 期。

[5] 陈敬全、吴善超、韩宇:《卓越管理: 美国国家科学基金会的实践和启示》,《中国科学基金》2007 年第 1 期。

[6] 陈准、郑永和、韩建国:《美国国家科学基金会加强内部管理的四项要点》,《中国基础科学》2001 年第 4 期。

[7] 方利平:《高校科研项目管理的功能》,《煤炭高等教育》2005 年第 23 卷第 3 期。

[8] 盖浙生:《台湾地区高等教育财政改革刍议》,《教育发展研究》2005 年第 21 期。

[9] 郭振军、汪建成:《基于技术引进、消化吸收的自主创新路径研究——广日电梯自主集成创新能力的形成与演进》,《武汉大学学报(哲学社会科学版)》2006 年第 59 卷第 3 期。

[10] 胡礼忠:《富布赖特项目与中美教育交流》,《国际观察》2000 年第 5 期。

[11] 胡文涛:《美国富布赖特项目早期在中国的活动述评》,《学术论坛》2005 年第 7 期。

[12] 谷贤林:《在自治与问责之间: 美国公立研究型大学与州政府的关系》,《比较教育研究》2007 年第 10 期。

[13] 韩小彬:《提高高校科研管理水刍议》,《漳州师范学院学报(哲学社会科学版)》2002 年第 4 期。

[14] 贺文萍:《“威尔顿庄园会议”侧记》,《西亚非洲》2003 年第 6 期。

[15] 胡文娥、钟亚秀:《高校科研项目的现状及管理对策》,《佛山科学技术学院学报(社会科学版)》1999 年第 17 卷第 4 期。

[16] 郭瑞佳：《韩国坡州出版城：超越对 Book City 的所有设想》，《出版参考》2013 年上旬刊。

[17] 李德阳：《加强科研管理，提高项目结项率》，《科技资讯》2007 年第 26 期。

[18] 郦莉：《论人文社科成果转化的“国际项目途径”》，《外交评论》2008 年 10 月刊。

[19] 李平、随洪光：《三种自主创新能力与技术进步：基于 DEA 方法的经验分析》，《世界经济》2008 年第 2 期。

[20] 卢永嘉：《美国富布赖特计划在中国的早期实施（1947 ~ 1949）》，苏州大学 2007 年硕士学位论文。

[21] 美国驻华大使馆文化处：《富布赖特中国项目》，《重庆与世界》2005 年第 1 期。

[22] 钱学敏：《钱学森关于复杂系统与大成智慧的理论》，《西安交通大学学报（社会科学版）》2004 年第 4 期。

[23] 钱学森：《关于教育科学的基础理论》，《高教战线》1985 年第 1 期。

[24] 王利耀：《他山之石，可以攻玉——美国社会科学研究情况考察》，《国外社会科学》2003 年第 3 期。

[25] 王英：《美国研究型大学早期发展研究——以约翰·霍普金斯大学的创建为中心》，河北大学 2006 年博士论文。

[26] 王毓敏：《富布赖特计划初探》，《兰州教育学院学报》2005 年第 2 期。

[27] 吴辉：《德国政党与政治基金会的关系》，《中共石家庄市委党校学报》2006 年第 7 期。

[28] 邢路路：《德国现代大学——柏林大学的创建》，《读写算：教育教学研究》2013 年第 32 期。

[29] 闫瑾：《德国政治基金会探析》，《德国研究》2003 年第 1 期。

[30] 杨捷：《19 世纪美国达特茅斯学院案及其影响》，《河南大学学

报（社会科学版）》2000 年第 40 卷第 5 期。

［31］叶继元：《美国社科研究经费的管理及其启示》，《甘肃社会科学》2011 年第 4 期。

［32］张奕华：《智慧教育与智慧学校理念》，《中国信息技术教育》2013 年第 6 期。

［33］郑红蕾：《高校科研项目的周期及绩效评价浅析》，《皖西学院学报》2008 年第 24 卷第 4 期。

［34］周弘，张浚，张敏：《外援与发展：以中国的受援经验为例》，《欧洲研究》2007 年第 2 期。

［35］Aoki，Keith，"Neocolonialism，Anticommons Property，and Biopiracy in the（Not – So – Brave）New World Order of International Intellectual Property Protection"，*Indiana Journal of Global Legal Studies*，Vol. 6，No. 1，1998.

［36］Benkler，Yochai，"Coase's Penguin，or，Linux and the Nature of the Firm"，*The Yale Law Journal*. Vol. 112，No. 3，2002.

［37］Benkler，Yochai，"Overcoming Agoraphobia：Building the Commons of the Digitally Networked Evironment"，*Harvard Journal of Law and Technology*，Vol. 11，No. 2，1998.

［38］Benkler，Yochai，"Commons – Based Strategies and the Problems of Patents"，*Science*，Vol. 305，No. 5687，2004.

［39］Brin，David，"The Internet as a Commons"，*Information Technology and Libraries*，Vol. 14，No. 4，1995.

［40］Caudron，S.，"Frontview Mirror"，*Business Finance*，Vol. 12，1999.

［41］Cohen，Julie，"Lochner in Cyberspace：The New Economic Orthodoxy of 'Rights Management'"，*Michigan Law Review*，Vol. 97，No. 2，1998.

［42］Eberlei，Walter，"Entwicklungspolitische Nicht – Regierungs – Organisationen in Deutschland：Europhorie，Ernüchterung，Erneuerung"，in Aus Politik und Zeitgeschichte，B6 – 7/2002.

[43] Feeny, David, et al., "The Tragedy of the Commons: Trenty - Two Years Later", *Human Ecology*, Vol. 18, No. 1, 1990.

[44] Gloor, Peter A., Rob Laubacher, Scott B. C. Dynes, Yan Zhao, New Orleans, *Visualization of Communication Patterns in Collaborative Innovation Networks: Analysis of Some W3C Working Groups.*, L. A.: The 12th ACM Conference on Information and Knowledge Management, 2003.

[45] Hardin, Garrett, "The Tragedy of the Commons", *Science*, Vol. 162, 1968, p. 1244.

[46] Hess, Charlotte, "The Virtual CPR: The Internet as a Local and Global Common Pool Resource", presented at "Reinventing the Commons", the Fifth Annual Conference of the International Association for the Study of Common Property, Norway, May 24 - 28, 1995.

[47] Hess, Charlotte, ElinorOstrom, "Ideas, Arifacts, and Facilities: Information as a Common - Pool Resource", *Law and Contemporary Problems*, Vol. 66, No. 1 - 2, 2003.

[48] Krathwohl, David R., "A Revision of Bloom's Taxonomy: An Overview", *Theory into Practice*, Vol. 41, No. 4, 2002.

[49] Lepszy, Norbert, "Politische Stiftungen", in Uwe Andersen/ Wichard Woyke (Hrsg.), *Handwörterbuch des Politischen Systems*, Bonn 2003.

[50] McNab, Robert M., Melese, François, "Implementing the GPRA: Examining the Prospects for Performance Budgeting in the Federal Government", *Public Budgeting & Finance*, Vol. 23, 2003.

[51] Michael A. Heller, "The Tragedy of the Anticommons: Property in the Transition from Marx to Markets", *Harvard Law Review*, Vol. 111, No. 3, 1998.

[52] Michelman, Frank, "Ethics, Economics, and the Law of Property", *Nomos*, Vol. 24, No. 3, 1982.

[53] Pogorelskaja, Swetlana W., "Die Parteinahen Stiftungen als Ak-

teure und Instrumente der deutschen Aussenpolitik", in Aus Politik und Zeitgeschichte, B6 –7/2002.

[54] Reese, R. Anthony, "Reflections on the Intellectual Commons: Two Perspectives on Copyright Duration and Reversion", *Stanford Law Review*, Vol. 47, No. 4, 1995.

[55] Vogel, David, "Trading Up and Governing Across: Transnational Governance and Environmental Protection", *Journal of European Public Policy*, Vol. 4, 1997.

[56] Walsh, John, "Knapp Reinterprets Excellence at NSF", *Science*, New Series, Vol. 222, No. 4627, 1983.

[57] Watkins, Ann L., Arrington, C. Edward, "Accounting, New Public Management and American Politics: Theoretical Insights into the National Performance Review", *Critical Perspectives on Accounting*, Vol. 18, 2007.

三、报纸、网站

[1] 财政部、全国哲学社会科学规划领导小组：《关于印发〈国家社会科学基金项目资金管理办法〉的通知》（财教［2016］304 号），中央政府门户网站，2016 年 9 月 7 日，http://www.gov.cn/xinwen/2016 –09/28/content_ 5112958.htm。

[2] 科技部：《欧盟研发框架计划与时俱进》，2012 年 4 月 9 日，http://www.most.gov.cn/gnwkjdt/201204/t20120405_ 93538.htm。

[3] 科技部：《关于印发国家中长期科技人才发展规划（2010 –2020 年）的通知》，2011 年 7 月 26 日，http://www.most.gov.cn/tztg/201108/t20110816_ 89061.htm。

[4]《国务院关于改进加强中央财政科研项目和资金管理的若干意见》，中国高校人文社会科学信息网，2015 年 9 月 14 日，https://www.sinoss.net/2015/0914/63803.html。

[5] 王芳：《欧洲研究中心项目在中国取得丰硕成果》，《人民日报》，2008 年 2 月 3 日，第 7 版。

[6] 王岐山：《在中国共产党第十八届中央纪律检查委员会第二次全体会议上的工作报告》（2013 年 1 月 2 日），中国共产党新闻网，http：//cpc. people. com. cn/n/2013/0226/c64094 –20597121. html。

[7] 王晓红：《增强国家创新能力——引进消化吸收再创新的出发点》，《人民日报》2006 年 4 月 3 日，第 9 版。

[8] 新华社：《中共中央办公厅、国务院办公厅印发 <关于进一步完善中央财政科研项目资金管理等政策的若干意见 >》，2016 年 7 月 31 日，http：//www. gov. cn/xinwen/2016 –07/31/content_ 5096421. htm。

[9] 新华社：《中共中央国务院关于深化体制机制改革加快实施创新驱动发展战略的若干意见》，2015 年 3 月 23 日，http：//www. gov. cn/xinwen/2015 –03/23/content_ 2837629. htm。

[10] 查卫平：《哈佛大学基金排名稳居榜首》，《中国教育报》2007 年 2 月 5 日，第 4 版。

[11] 郑园园：《成功合作的范例——欧盟对华援助述评》，《人民日报》，1998 年 10 月 30 日，第 6 版。

[12] Jongwon SEO，*SMART Education in Korea*：*Digital Textbook Initiative*，May 2012.

[13] Ju –Ho Lee，*Korea's Choice*：“*Smart Education*”，July 26，2011，https：//community. oecd. org/community/educationtoday/blog/2011/07/26/korea –s –choice –smart –education.

后　记

2007 年 9 月，在中国—欧盟欧洲研究中心项目（ESCP）结项时举办的一系列圆桌会议期间，项目负责人朱立群教授对我说："欧盟项目管理的宝贵经验非常有价值，你应该把它写成一篇论文啊？"一句提醒和鼓励，让我开始静下心来思考社科项目管理中的规律和方法，学习国外项目管理的先进经验。我慢慢地认识到：一个好的研究项目，不仅要有充裕的资助金额、敬业的学术团队，还要有严谨的管理自觉、不懈的创新动力、求实的敬畏之心和风险的防范意识。项目是"活"的思想互动进程，而其生命力可否持续，取决于赋予其生命的人能否不断注入激发创新的血液和推动协作的活力。这样的感悟引领我走进了一个别有洞天的新世界，尝试以一个社科项目管理者的视角思考大学知识创新的宏伟事业。

2011 年 8 月，我受中美富布赖特项目资助，赴美国康涅狄格大学留学，初到校园，就被通知参加国际项目管理办公室主任许迪（Robert Chudy）主持的入学培训班。主任的开场白是这样的："好的大学，不仅要有大楼和大师，还要有专业的管理人员。"康大正是通过现代化的大学治理，使这所最初只是一所孤儿院的农业专科院校，发展成为美国新英格兰地区最佳公立大学之一的。大学治理，并不只是具有行政职务的领导层的责任，而是上至校长、下至专业技术人员的工作与研究内容。大学的专业技术人员包括教育管理人员、账务管理人员、图书馆馆员、医务护理人员、后勤管理人员、信息管理人员、校办企业管理人员等。一所大学，无论大小，都是麻雀虽小、五脏俱全，其管理与运营虽不同于企业，但在很大程度上需要通过微观管理机制，对资源利用、人事安排、收益分配和绩效奖励进行优化管理，从而实现组织战略目标，推动大学文化得以传承，大学风尚得以进化。

在这些想法的启发下，我幸运地获得了2013—2015年北京市社科联青年社科人才资助项目《国外社科研究项目管理对北京高校的启示》［项目编号：(2013SKL027)］的资助。令我印象深刻的是，该项目的管理过程竟在很大程度上具备了“全生命”管理的特点。2015年底结项时，项目管理办公室的石老师邀我从项目受益人的亲身经历出发对该项目的管理过程写一篇评语，我欣然接受，并发自内心地写出了下面4段话：

自2010年开始，北京市社会科学界联合会设立青年社科人才资助项目。6年里聚集了223位青年社科理论工作者，为其关注首都热点难点问题和社科学术创新提供项目资助，推动其快速成长。作为学术性社会团体的北京市社科联，通过青年社科人才资助项目这一公益平台，就经费管理机制进行了开拓性创新。从项目的选拔过程开始，到项目中期评估，再到结项后的成果转化，都在借鉴国际合作项目管理经验的基础上，力求构建一套适合北京本土特色的经费管理方案，使得这一项目不仅成为激励青年社科人才成长的园地，而且成为研究者与管理者、理论创新与实践经验双向结合的桥梁和纽带。作为一项立足首都北京社科研究创新的项目管理体制，北京市社科联将青年学者的学术抱负与北京城市建设紧密结合，以其自身的机制创新为同行提供了“知行合一”的最佳实践。这一评价的得出，主要基于以下几方面的分析。

首先，从申请书的选拔标准来看，项目给予具有创新精神的申请者平等的立项机会。由于尚处于学术生涯初创阶段的青年学者，在省部级纵向课题的申请过程中，往往无法得到与年长和资深学者同等的立项机会。长此以往，很多青年学者的创新激情在屡战屡败的过程中受挫，对人才梯队的建设周期产生不良影响。青年人才资助项目本着对所属学科具有创新价值的同行评议原则，对有能力进行创新性研究的学者给予充分的认可，使他们能够通过自己的努力，获得北京市省部级项目立项，获得进一步申请更高级别社科研究项目的资格。这一选拔标准的设定，不仅能够展现青年人的学术潜力，而且能够点燃青年学者的学术创新热情，形成一个社科研究的思想市场，促成正向的学术竞争，使社科创新人才梯队得以可持续成长。

其次，从中期评估的组织特点来看，项目重视评审委员与项目负责人的直接互动。以往的纵向课题管理，主要以与项目申报单位的科研管理人员互动为主，而且互动也主要集中在项目申报通知发布和提交研究成果、阶段性评审会等事务性工作上，很少与项目负责人直接互动。而青年人才资助项目则提供了项目负责人向专家评审组汇报中期研究进展、所面临的问题、下一步行动计划及经费使用情况的机会，评审专家会面对面地结合研究人员已有成果，对课题研究方法、思路及措施提出宝贵的建议。一方面，可以提醒研究人员项目期限的紧迫性；另一方面，对研究过程中可能存在的困惑给予专业的悉心引导。这一互动式中期评审机制的创立，能够降低项目承诺可能因多种原因难以实现的风险，是主动干预项目负责人研究进展和经费支出的积极管理方式。

第三，邀请项目负责人参与由北京市社科联组织的与首都北京全面建设相关的吹风会和学术研讨会。比如，2013 年立项通知发布后，项目管理团队就邀请北京市委研究室胡雪峰副主任为项目负责人做了《深入学习贯彻总书记重要讲话精神、推动“城市病”治理向纵深发展》的演讲，在解读十一届五次全会精神的同时，希望研究人员能够致力于探索解决北京“城市病”的方案，为首都建设做出贡献。这一机制有效地将学术研究与政府需求结合起来。此外，北京市社科联多年来举办的北京“百人工程”学者论坛和以“中国梦”为主题的学术前沿论坛，也邀请项目负责人参加，这一做法更将项目研究与学术前沿、产业发展、媒体关注相结合。通过这两项机制，项目的知识创新"生命"便与官产学研媒有了协同和对接的可能。

2015 年 12 月 25 日，《国外社科研究项目管理对北京高校的启示》项目在结项评定中被评为"优秀"。作为项目负责人，我衷心地感谢北京市社科联青年社科人才资助项目评审专家、首都经济贸易大学原校长文魁教授，他在项目中期评估中对我的研究给予充分的肯定，并对我的研究问题设定提出了重要的建议，使我敢于挑战"如何为社科研究创新成果赋值"这一研究问题——不仅要以货币价值衡量社科研究项目的收益率，更要对社科创新的无形价值给予更多的人文考量和评测尝试。我自知，这一艰巨的研究任务在本书中得到的回答尚不够深入和精炼，但为我未来更深入地进行社科知识管理研究指明了方向。

感谢美国国际研究学会（ISA）前副主席、康大政治学系荣誉教授、美国赴印度富布赖特学者伊丽莎白·汉森（Elizabeth C. Hanson）。2015 年 10 月 18 日至 11 月 2 日，她接受我的邀请，在国家外国专家局高校重点引智计划框架下来京交流，举办了 4 场学术讲座、讲授了 4 堂公开课、举行了 6 场研讨会和座谈会，与学院师生慷慨分享康大在人才培养、学术创新、课程建设和智库建设领域的宝贵经验以及教学科研创新机制的特点。她的此次交流在很多方面是有突破性的：首先，汉森教授的人格魅力令人印象深刻。她当年已经 82 岁高龄，但却在交流中令人完全忘记了她的年龄，在每一场活动中都展现出热情洋溢的学术热忱与科学严谨的专业精神，令听众在钦佩之余，也受到人生的启迪。第二，以高校社科研究为主题。项目题为《美国康涅狄格大学教学科研创新机制——公立研究型大学的案例》，内容涉及《康大的模拟联合国建设经验》、《关于美国社科研究的观点和看法》、英文课程编制等。第三，《经纬论坛》系列讲座的首场英文讲座。由《外交评论》执行主编陈志瑞高级编审协调、研究生部主任赵怀普教授主持，汉森教授以《数字化时代的大国公共外交》为题，对中印公共外交进行了比较与评析，并在《多学科视角下的新公共外交》研讨会上，与京内公共外交学者就“新公共外交”究竟“新”在哪里进行了深入探讨。第四，将国内学者带向 ISA。汉森教授的来访并不是合作的结束，她通过协助校内学者了解并参与 ISA 的方式，引领国内学者和学生走向国际学术会议，对参会中国学者如何写好英文论文、如何做好会议发言以及如何选择期刊投稿等内容进行悉心指导。当前，中国学者的社科创新正在逐步走上国际舞台，汉森教授从交流对象的切实需求出发提供知识和经验，是令人尊敬的国际学者。

感谢 2011—2012 年负责中美富布赖特联合培养博士生项目管理的 IIE 官员陈智勇老师，他与我分享了多年积累的富布赖特项目管理经验，从项目名称的译法到旗舰项目的溯源，都体现了他对这项工作的热爱和思考。感谢在项目研究过程中给予大力支持的北京市社科规划办李建平、刘娟、肖士兵研究员以及北京市教委科研处赵胤慧副处长、中央财经大学科研处孙宝文教授、首都体育学院科研处王守恒教授、中国人民大学科研处杨燕萍副处长、北京电影学院科研设备处姚国强教授、北京市知识管理研究基地首席专家葛新权教授、北京交通大学科研（技）处副处长叶龙教授、对外经贸大学科研处张瑞副处长、北京工商大学科研处孙永波副处长和首都师范大学科研处杨阳助理研究员。她们以不同的方式为大学奉献着自己的光和热，将工作过程中新的发现、好的想法和已达成的共识与课题组分享，在互通有无中探寻新知。感谢外交学院科研处的原主管院领导秦亚青教授、郑启荣教授和孙吉胜教授以及原处领导赵怀普教授、田丽颖书记、高飞教授、万霞教授和熊炜教授，她们强调将所学所知运用到教育管理实践中，在工作中学习，在学习中成长，以成长反哺岗位。她们身体力行、不断创新，把工作与生活有机地结合在一起，通过全心全意为科研创新服务，赢得了师生的称赞和敬重。感谢外交学院中国外交理论研究中心的主管院领导王帆教授和中心主任王春英教授、魏玲教授、姚遥副教授和盛元坤老师，他们对于如何建设高校智库以及推动社科知识与官学研之间的协同创新，与大家分享了宝贵的经验。同时，我要感谢孙俊华、李敏、陈海花、佟巍和柴茁，我们多年来并肩工作在大学科研管理一线，在迷茫无助的时候，彼此鼓励的话语是最有效的良药。感谢富布赖特学友杨元元老师，她在项目研究报告的写作初期，提供了对于该项目管理特色的洞察和想法。感谢我的同事赵晨光博士一直以来的鼓励，总是告诉我他身边的同学是怎样将教育与国际关系或外交研究精巧地结合起来的，这对我有很大的启发。感谢所有在此项研究开展过程中提供帮助的老师、同学和朋友，正是因为能够与你们进行无间的交流，才使得此项研究具有内在的动力，并最终付梓成书。

生命无常，岁月无情。2016 年 12 月 14 日，朱立群教授不幸病逝，她慈母一般的音容笑貌，不时浮现在我的脑海当中，每每想起便潸然泪下。她鼓励我们运用自己学到的知识，勇于面对各种困难，包括病痛和死亡。与朱老师交往越多，就会变得越来越冷静、越来越包容。她是学生的人生导师，乐于分享她对人生阅历的深刻感悟，在尊重现实的前提下，从不畏惧提出独到的见解，鼓励人与人之间友爱协作，无时无刻不为使环境和生活更加美好而做出积极的努力。决定出书的时候，感念此生能够知遇这样的领路人。

感谢时事出版社谢琳主任，在本书的编辑过程中，她细致用心地提出专业的建议和意见，使得书稿内容和形式每次都有更好的呈现。最后，感恩我的父母和家人，他们不惧辛劳，默默无闻地撑起了繁重的家务，将无私的爱倾注在我的两个宝宝身上，才使整个家充满天伦之乐与和睦幸福，让我能够在工作之余潜心研究。这些关爱和付出是无价的。可以说，他们是最不求回报的产消者。希望这本书的出版能够起到抛砖引玉的作用，让高校教育管理人员和教育研究人员有更多的交流机会，共同为大学治理和社科管理中遇到的问题寻求解决方案，为实现中国从高等教育大国到高等教育强国的历史性跨越，做出自己力所能及的成绩。

郦莉

2017 年 3 月 15 日于北京